普通高等教育"十三五"规划教材

工程制图习题集

主　编　肖　扬　周　已
副主编　刘洪斌　林　敏　郑　严
参　编　邓茂云　何　进　张婷婷

机械工业出版社

本书是与《工程制图》（由肖扬主编，机械工业出版社出版）教材配套的教学用书。

全书共十章，主要内容有：制图的基本知识与技能，点、直线和平面的投影，立体的投影，轴测投影，组合体的投影，机件的表达方法，标准件与常用件，零件图，装配图，AutoCAD 计算机绘图基础等，另加附录（包含两套模拟试题）。各部分习题内容全面，形式多样，题量充足，难易适当，并且配有电子版习题答案以方便教学。

本书主要作为普通高等学校本科非机类各专业 48~64 学时的工程制图课程的课后作业，也可作为其他类型高校相关专业的教学用书，或者供有关技术人员参考。

图书在版编目（CIP）数据

工程制图习题集/肖扬，周已主编. —北京：机械工业出版社，2017.8（2025.6 重印）
普通高等教育"十三五"规划教材
ISBN 978-7-111-56979-4

Ⅰ.①工⋯　Ⅱ.①肖⋯ ②周⋯　Ⅲ.①工程制图-高等学校-习题集　Ⅳ.①TB23-44

中国版本图书馆 CIP 数据核字（2017）第 177901 号

机械工业出版社（北京市百万庄大街 22 号　邮政编码 100037）
策划编辑：舒　恬　责任编辑：舒　恬　王勇哲　责任校对：刘　岚
封面设计：张　静　责任印制：刘　媛
北京富资园技科发展有限公司印刷
2025 年 6 月第 1 版第 7 次印刷
260mm×184mm・5.25 印张・125 千字
标准书号：ISBN 978-7-111-56979-4
定价：19.00 元

电话服务	网络服务
客服电话：010-88361066	机　工　官　网：www.cmpbook.com
010-88379833	机　工　官　博：weibo.com/cmp1952
010-68326294	金　书　网：www.golden-book.com
封底无防伪标均为盗版	机工教育服务网：www.cmpedu.com

前　　言

本书是根据教育部高等学校工程图学教学指导委员会制定的《普通高等学校工程图学课程教学基本要求》，为适应现代机械工业新技术和科技的最新发展，如3D打印技术等，对学生在工程图学方面的能力和素质要求，应用最新的工程图学教学改革研究成果——四川省教育厅重点研究课题"3D打印技术与工程制图教学深度融合的理论与实践研究"而编写的与工程制图教材配套的习题集。

本书在题目选取上力求符合学生学习工程制图的认识规律和教学规律，方便教师布置课后作业和学生的复习。在题目编排上以基本题、概念题和工程应用题为主，难度上做到由浅入深，逐步提高，并与教材相衔接。

书中习题全部采用现行技术制图和机械制图国家标准以及与制图相关的其他现行标准。

本书由肖扬、周已担任主编，刘洪斌、林敏、郑严担任副主编，邓茂云、何进、张婷婷参编。

由于编者水平所限，书中难免存在缺点和错误，恳请读者批评指正。

编　者

目　　录

前　言
第一章　制图的基本知识与技能 ………………………… 1
　一、字体练习 …………………………………………… 1
　二、图线练习 …………………………………………… 2
　三、尺寸标注 …………………………………………… 3
　四、平面图形的绘制 …………………………………… 4
第二章　点、直线和平面的投影 ………………………… 5
　一、点的投影 …………………………………………… 5
　二、直线的投影 ………………………………………… 6
　三、平面的投影 ………………………………………… 9
第三章　立体的投影 ……………………………………… 11
　一、平面立体的投影 …………………………………… 11
　二、回转体的投影 ……………………………………… 13
　三、平面与立体表面的交线 …………………………… 14
　四、两回转体相交 ……………………………………… 18
第四章　轴测投影 ………………………………………… 21
　一、正等测轴测图的绘制 ……………………………… 21
　二、斜二等轴测图的绘制 ……………………………… 24
第五章　组合体的投影 …………………………………… 26
　一、组合体的画法 ……………………………………… 26
　二、组合体的尺寸标注 ………………………………… 30
　三、组合体的看图 ……………………………………… 32
第六章　机件的表达方法 ………………………………… 37
　一、基本视图、向视图、局部视图、斜视图 ………… 37
　二、剖视图 ……………………………………………… 39
　三、断面图 ……………………………………………… 44
　四、表达方法的综合应用 ……………………………… 46
第七章　标准件与常用件 ………………………………… 50
　一、螺纹与螺纹紧固件 ………………………………… 50
　二、键连接和销连接 …………………………………… 54
　三、齿轮 ………………………………………………… 55
　四、滚动轴承和弹簧 …………………………………… 56
第八章　零件图 …………………………………………… 57
　一、零件表达方案的选择 ……………………………… 57
　二、零件的技术要求 …………………………………… 58
　三、读零件图 …………………………………………… 59
第九章　装配图 …………………………………………… 64
　一、画装配图 …………………………………………… 64
　二、读装配图 …………………………………………… 66
第十章　AutoCAD 计算机绘图基础 ……………………… 69
　一、使用 AutoCAD 绘制平面图形 …………………… 69
　二、使用 AutoCAD 绘制视图与剖视图 ……………… 70
　三、使用 AutoCAD 绘制零件图 ……………………… 71
模拟试卷一 ………………………………………………… 72
模拟试卷二 ………………………………………………… 76
参考文献 …………………………………………………… 80

第一章　制图的基本知识与技能

一、字体练习

班级：　　　姓名：　　　学号：

1-1　汉字字体练习。

机械制图作业名称日期学号班级

国家标准技术要求尺寸标注比例

字体工整笔画清楚间隔均匀整齐

1-2　数字和字母字体练习。

1234567890ABC

DEFGHIJKLMNOP

qrstuvwxyz α β φ

二、图线练习   班级：   姓名：   学号：

1-3 在指定位置画出下列图线。

1-4 抄画下面图形。

三、尺寸标注　　　　　　　　　　　　　　　　　　　　　　　班级：　　　　姓名：　　　　学号：

1-5 在图中标注角度，数值按1：1的比例量取（取整数）。

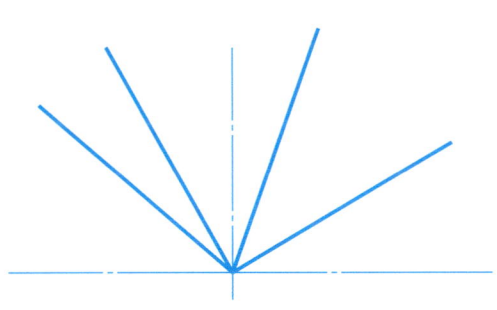

1-6 在图中标注尺寸数字，数值按1：1的比例量取（取整数）。

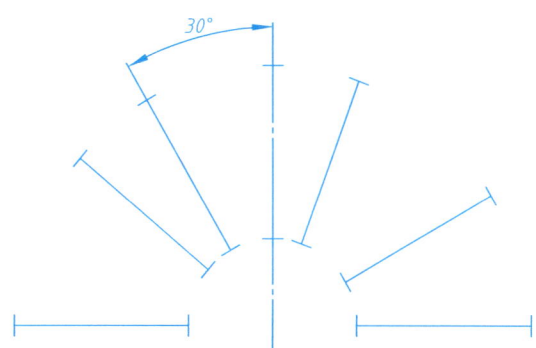

1-7 在指定位置按1：1的比例抄画以下图形并标注。

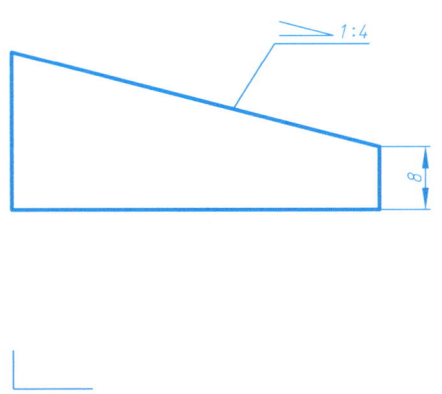

1-8 在指定位置按1：2的比例抄画以下图形并标注。

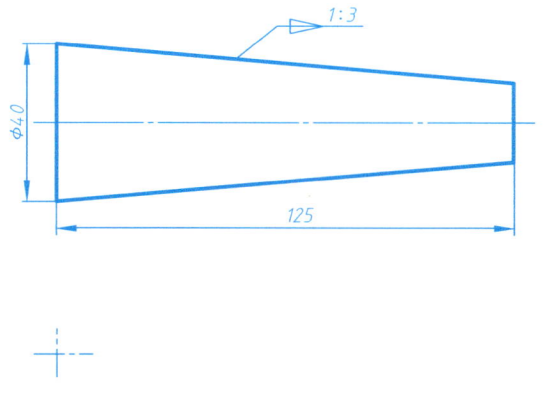

四、平面图形的绘制

1-9 按 1∶1 的比例绘制以下图形，并标注尺寸。

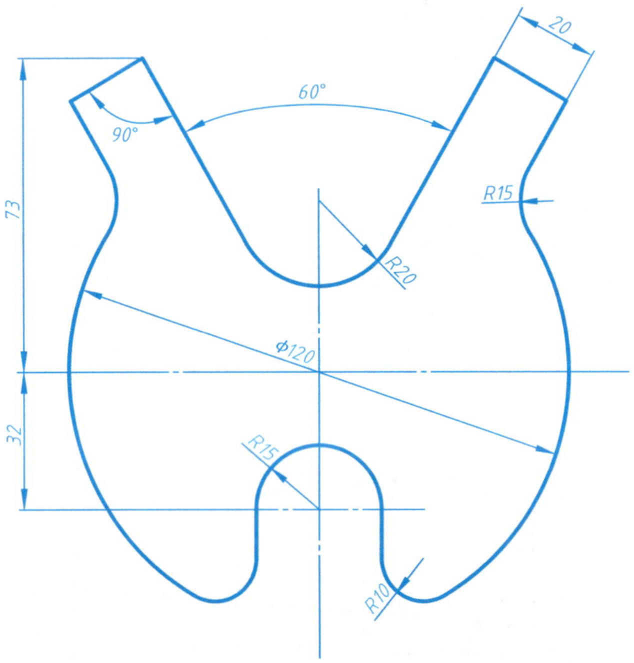

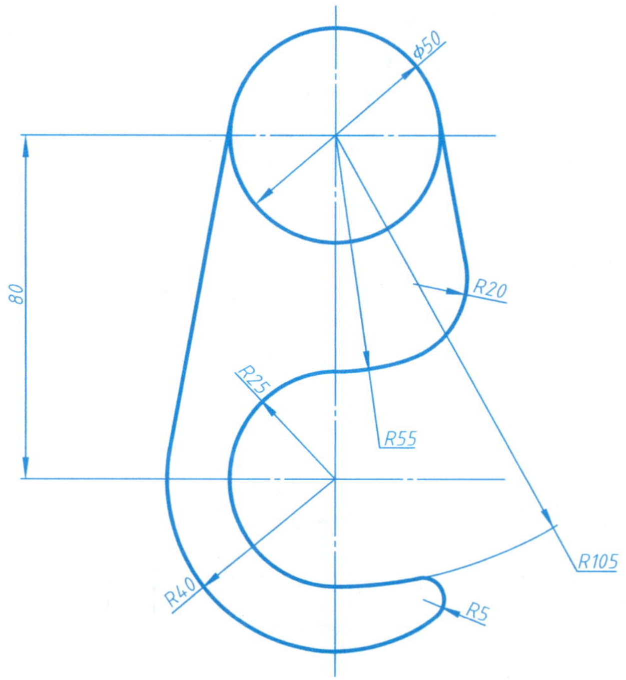

第二章 点、直线和平面的投影

一、点的投影　　　　　　　　　　　　　　　　班级：　　　　姓名：　　　　学号：

2-1 求点的投影。

(1) 已知各点的立体图，求作它们的两面投影。

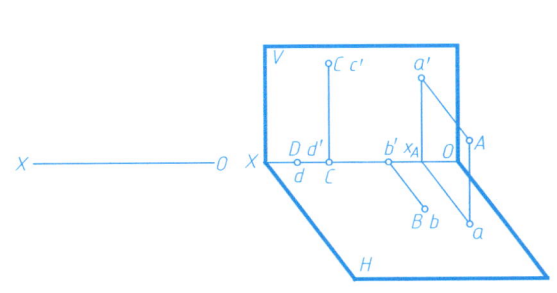

(2) 已知 D、E、F 三点的两面投影，作出它们的第三面投影，并作出各点的立体图。

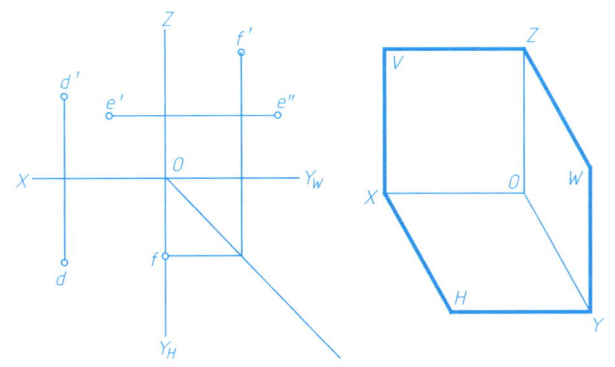

(3) 已知点 A 的坐标为（15，12，20），点 B 在点 A 的左方 15mm、前方 10mm、下方 8mm 处。点 C 在点 A 的正下方 16mm 处。求点 A、B、C 的三面投影。

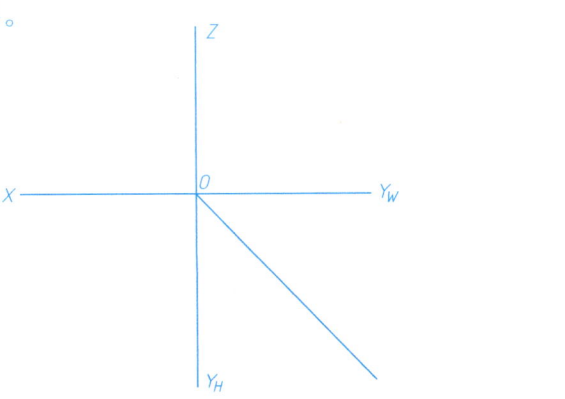

(4) 已知点 M 的正面投影 m′ 和 N 的水平投影 n，并知点 M 到 V 面的距离为 15mm，点 N 到 H 面的距离为 12mm，点 D 在点 M 的正前方 3mm，求点 M、N 的其余投影和点 D 的三面投影。

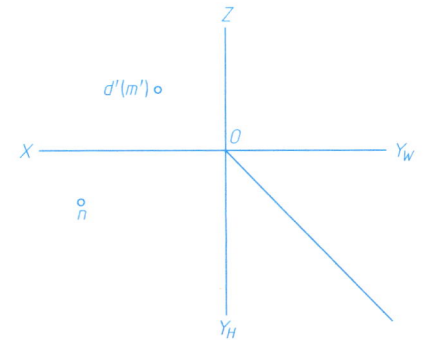

二、直线的投影　　　　　　　　　　　　　　　　　　　　　　班级：　　　　姓名：　　　　学号：

2-2　已知直线的两面投影，试画出第三面投影，并判断其对投影面的相对位置。

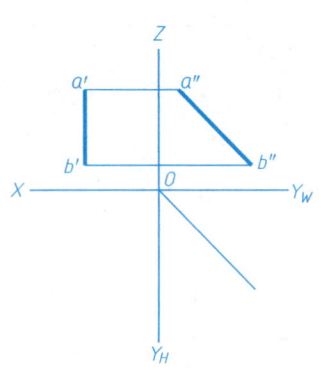 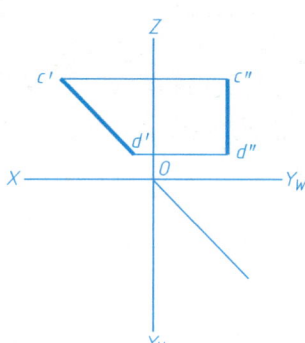 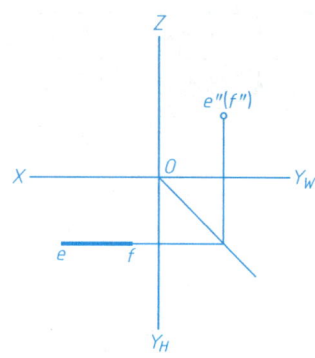 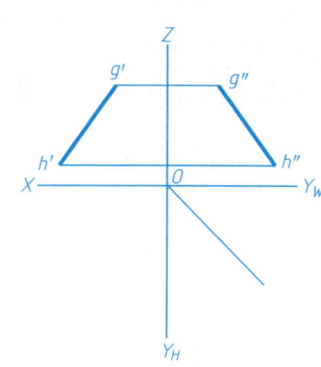

　　　AB 是_____线　　　　　CD 是_____线　　　　　EF 是_____线　　　　　GH 是_____线

2-3　根据已知条件，求特殊位置直线的投影。

（1）已知直线 AB∥V 面，且距 V 面 20mm，求 ab。

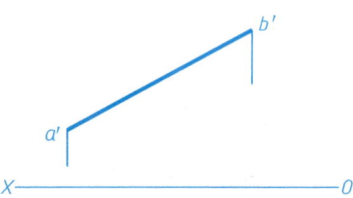

（2）已知水平线 CD 长为 30mm，对 V 面的倾角 β＝30°，距 H 面 15mm，求它的两面投影（点 D 在点 C 的右后方）。

班级： 姓名： 学号：

2-4 已知点 C 在直线 AB 上,且 AC：CB = 2：1,求作点 C 的两面投影。

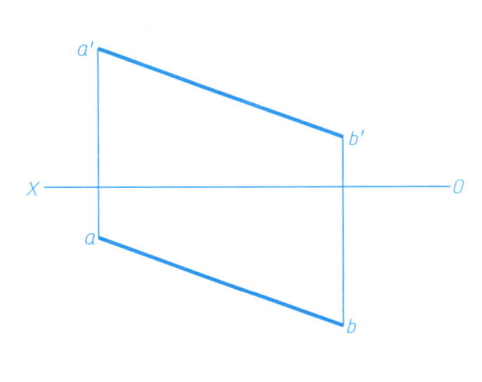

2-5 在直线 AB 上取一点 K,距 H 面为 15mm。求点 K 的两面投影。

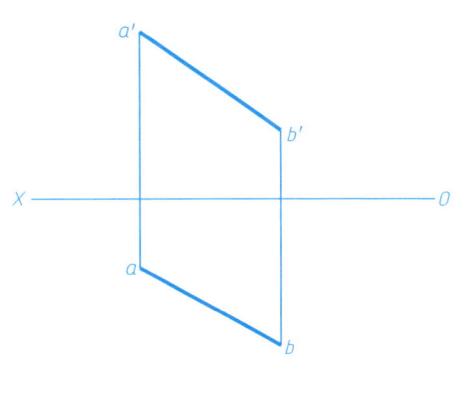

2-6 判断点 K 是否在直线 AB 上。

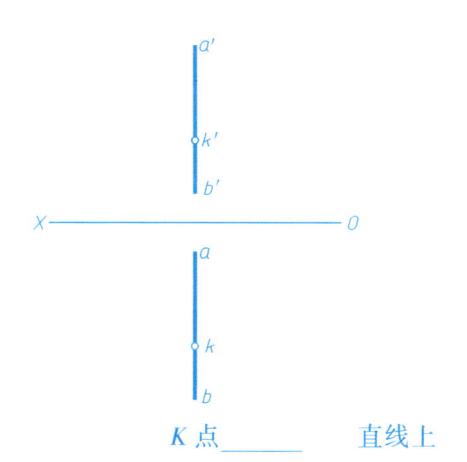

K 点_____直线上

2-7 已知 AB、CD 为两相交直线,试完成其投影。

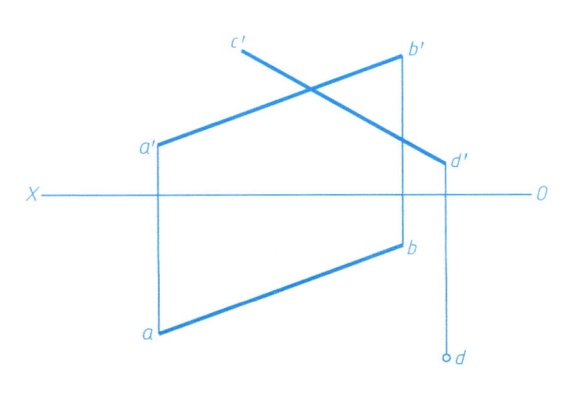

2-8 过点 A 作直线 AB,使其与直线 CD、EF 都相交。

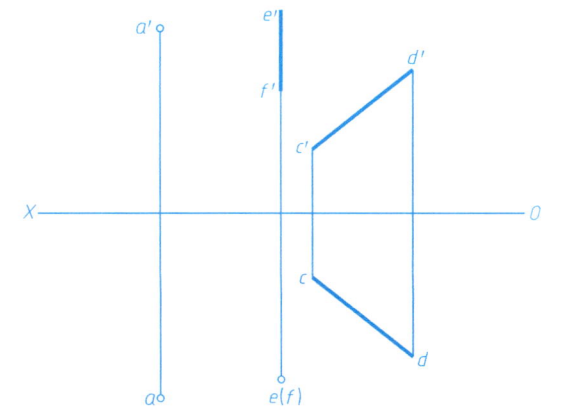

2-9 过点 A 作直线 $AB/\!/EF$，并判断直线 AB 与 CD 是否相交。

2-10 作直线 MN，使 $MN/\!/AB$，并与直线 CD、EF 都相交。

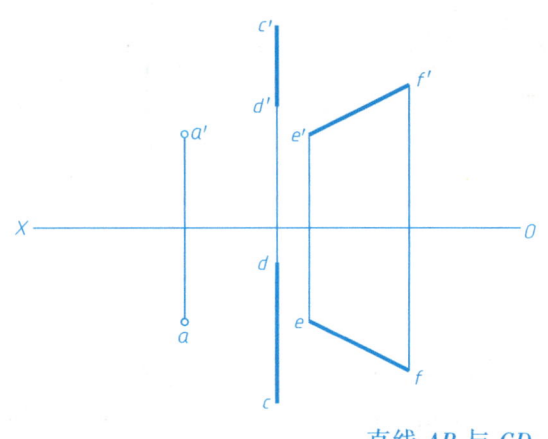

直线 AB 与 CD _____

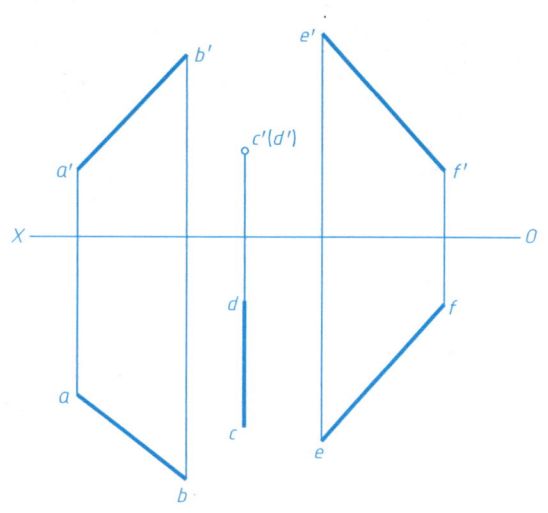

2-11 判断下列两直线的相对位置（平行、相交、交叉），将结果填在题目下方的横线上。

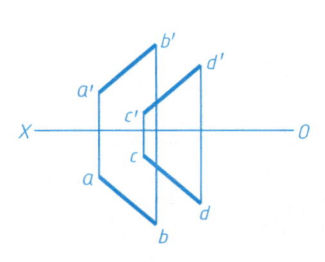 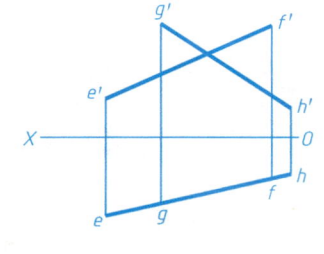 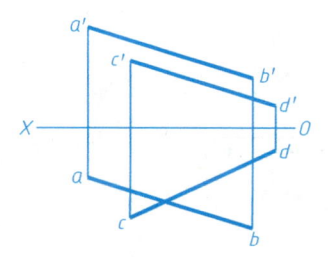 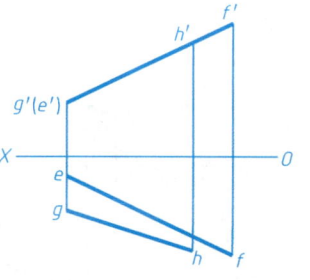

_____   _____   _____   _____

三、平面的投影

班级：　　　　姓名：　　　　学号：

2-12 标注交叉两直线上各重影点的两面投影，并表明可见性。

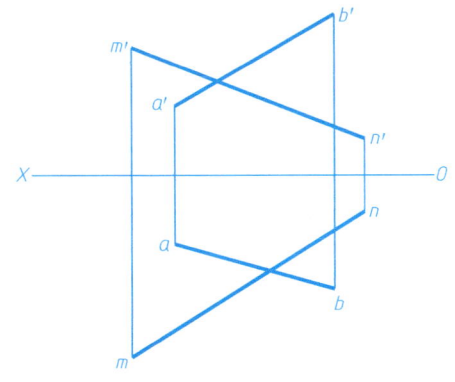

2-13 过点 C 作直线 CD 与直线 AB 相交，且交点到 V 面的距离为 15mm。

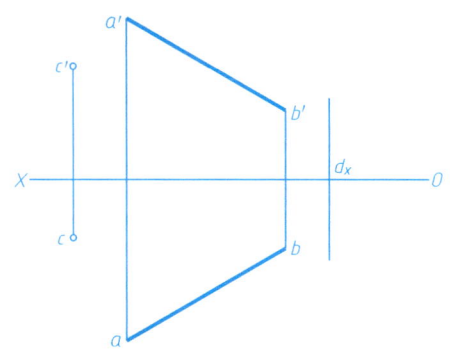

2-14 判别下列平面对投影面的相对位置，将结果填在题目下方的横线上。

(1)

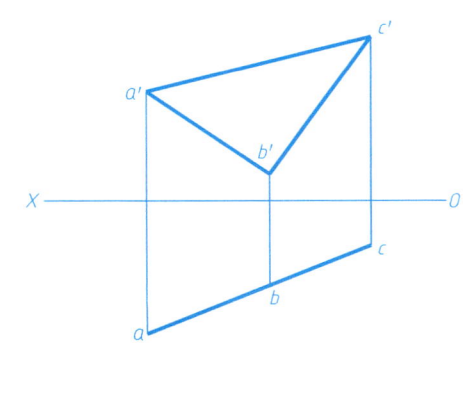

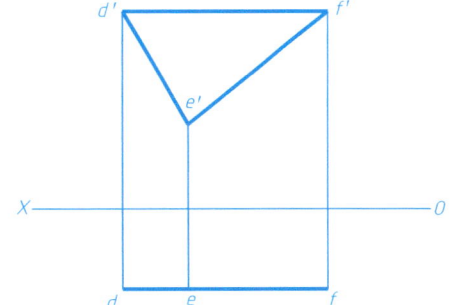

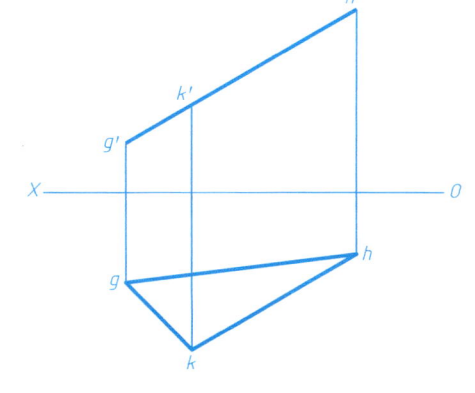

_____　　　　　　_____　　　　　　_____

(2)

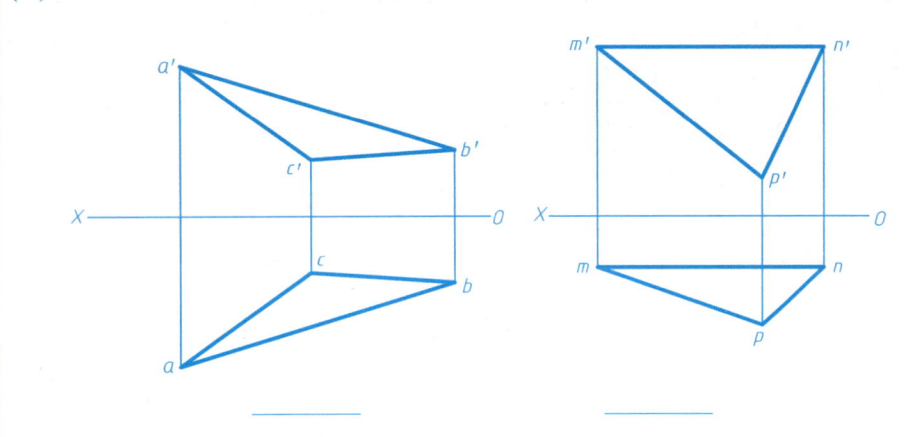

2-15 已知 CD 为水平线，完成平面 ABCD 的正面投影。

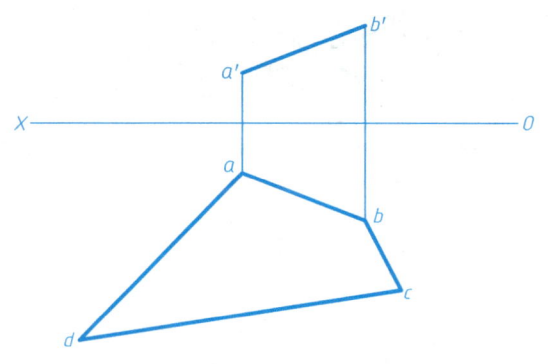

2-16 补全平面图形 ABCDEFGHA 的水平投影。

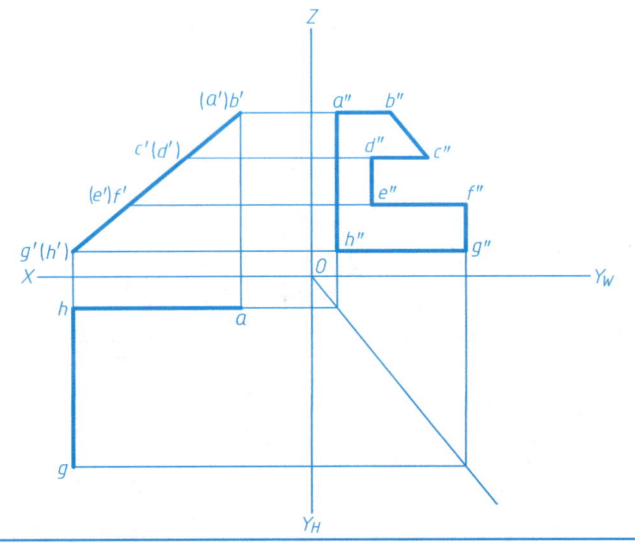

2-17 试完成平面图形 ABCDEFA 的水平投影。

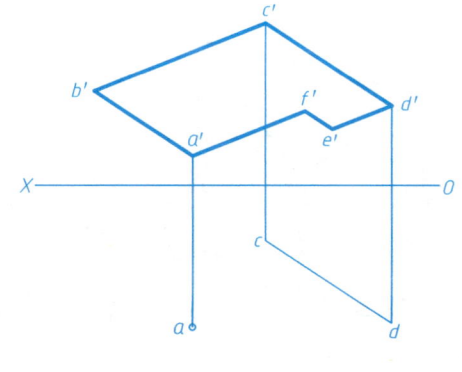

第三章 立体的投影

一、平面立体的投影   班级：   姓名：   学号：

3-1 已知平面体的两个视图，参照立体图，求作第三视图，并标出平面 P（所给投影为可见，下同）的其余两个投影。

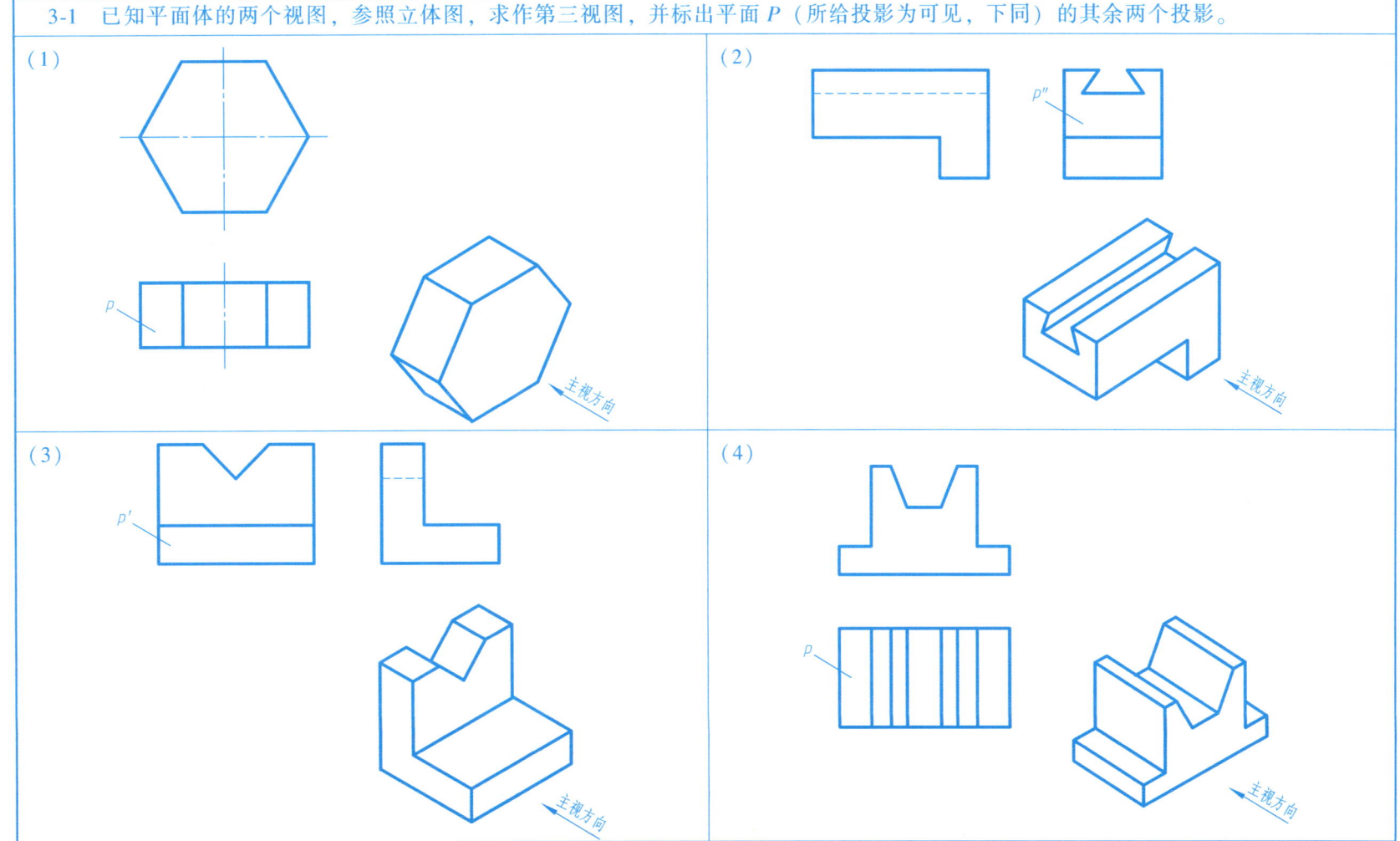

班级：　　　　　姓名：　　　　　学号：

3-2 求作三棱柱的侧面投影及表面上点 A、B、C 的其余两面投影。

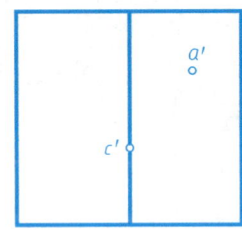

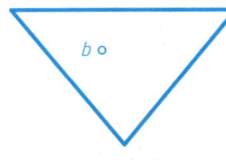

3-3 求作五棱柱的侧面投影及表面上点 A、B、C 的其余两面投影。

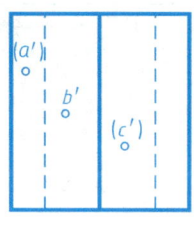

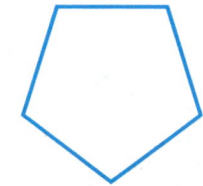

3-4 求作三棱锥的侧面投影及表面上点 A、B、C 的其余两面投影。

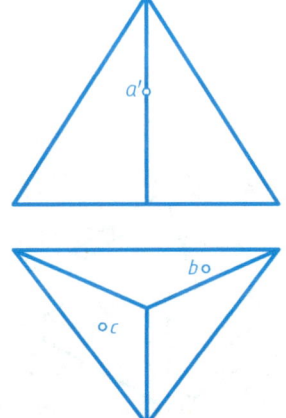

3-5 求作四棱台的侧面投影及表面上点 A、B、C 的其余两面投影。

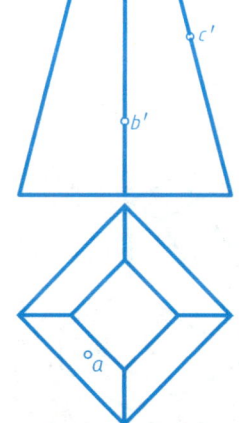

二、回转体的投影

班级： 姓名： 学号：

3-6 作圆柱的水平投影，并补全表面上点 A、B、C 的三面投影。

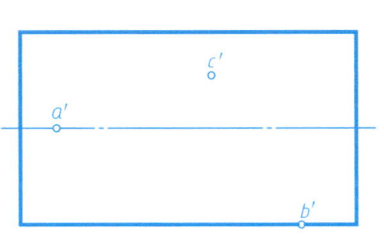 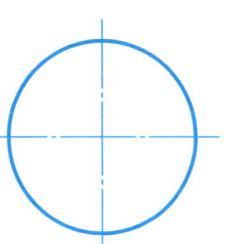

3-7 作圆锥的侧面投影，并补全表面上点 A、B、C 的三面投影。

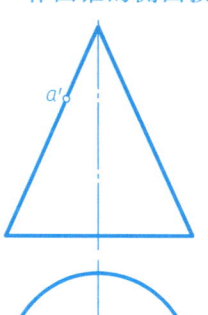

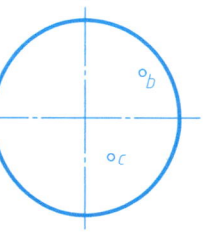

3-8 作球的水平投影，并补全表面上点 A、B、C 的三面投影。

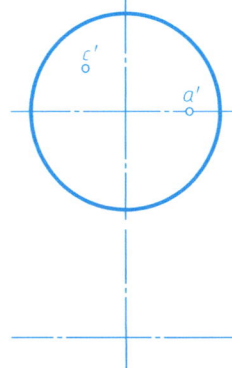
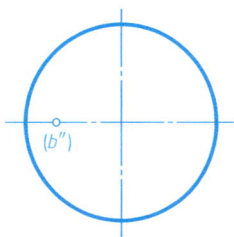

3-9 作半圆台的侧面投影，并补全表面上点 A、B、C 的其余投影。

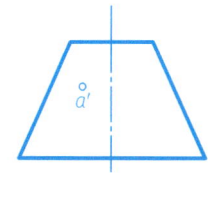

三、平面与立体表面的交线

班级：　　　姓名：　　　学号：

3-10 补全三棱锥被一个正垂面切割后的水平和侧面投影。

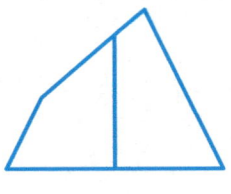
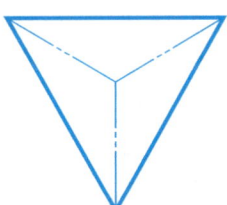

3-11 作出正六棱柱被一个正垂面切割后的侧面投影。

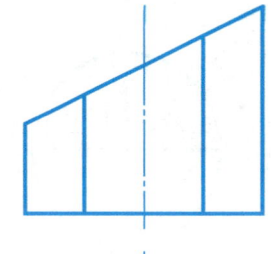
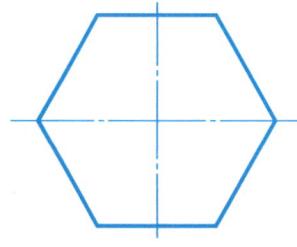

3-12 补全三棱锥被切割后的水平投影并画出侧面投影。

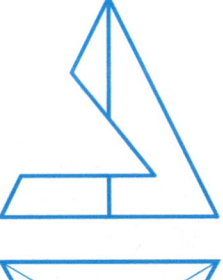
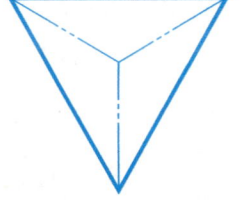

3-13 补全带切口的三棱柱的水平投影并画出侧面投影。

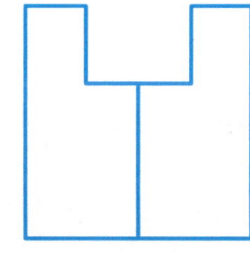
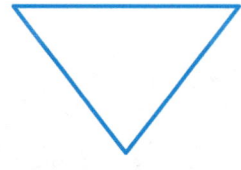

3-14 求圆柱被截切后的水平和侧面投影。

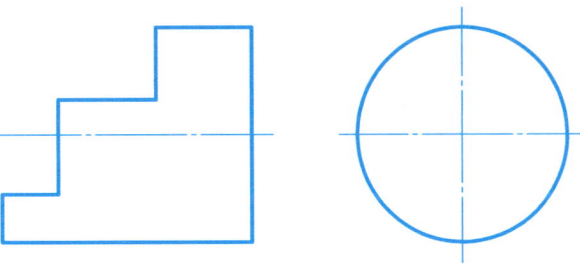

3-15 画出包含矩形通孔的圆柱的侧面投影。

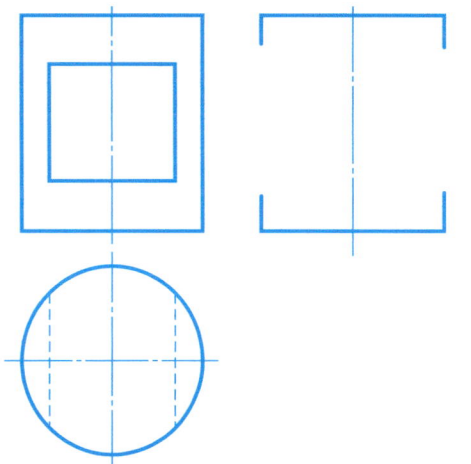

3-16 求圆柱被截切后的侧面投影。

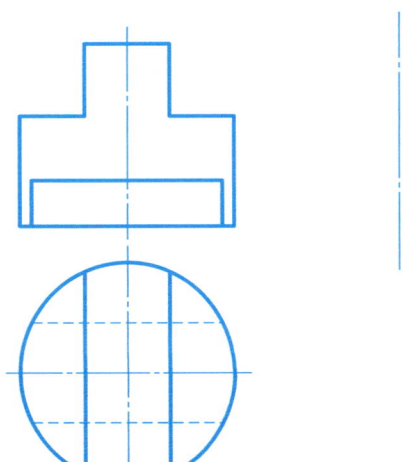

3-17 补全圆柱被截切后的侧面投影，并画出水平投影。

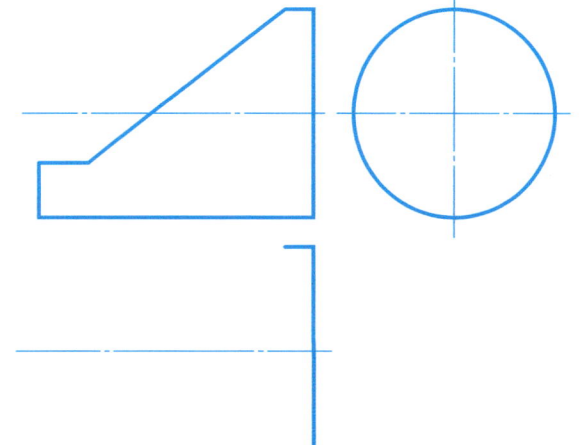

3-18 画出圆锥被截切后的水平和侧面投影。

(1)

(2)

(3)

(4)

3-19 画出带缺口半球的正面和水平投影。

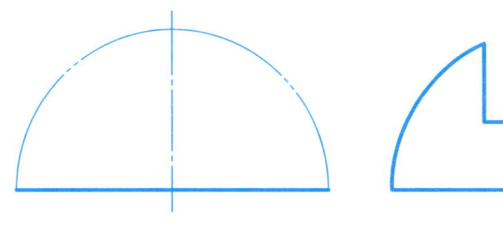
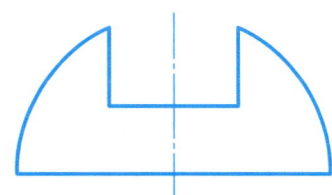
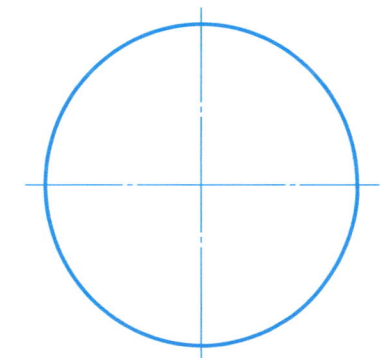

3-20 画出圆球被切割后的水平和侧面投影。

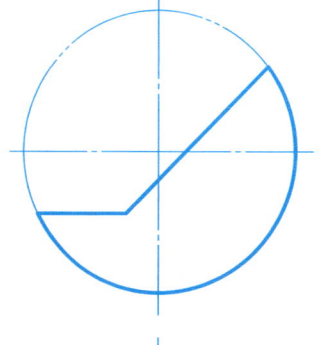
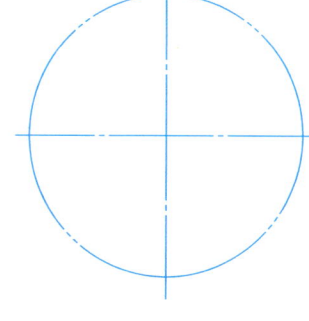
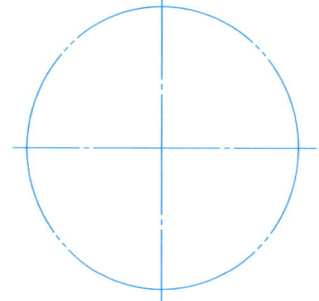

四、两回转体相交

3-21 完成两圆柱相贯后的正面投影。

3-22 求圆柱穿孔后的侧面投影。

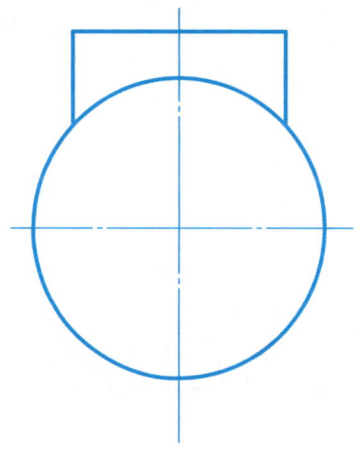
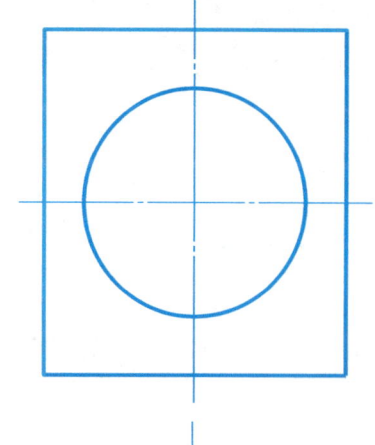
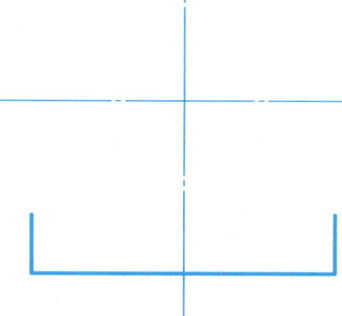
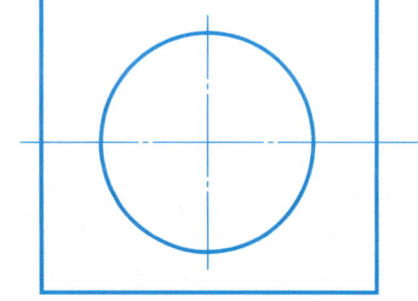
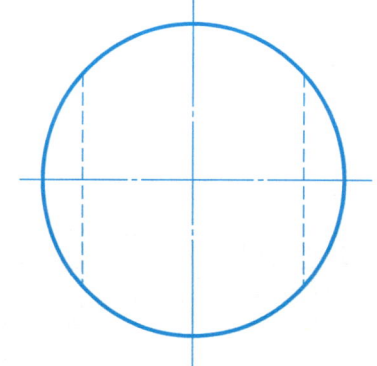

· 18 ·

3-23　画出圆柱和圆锥相贯线的正面和水平投影。

3-24　补全圆柱和圆球相贯线的正面投影，并画出侧面投影。

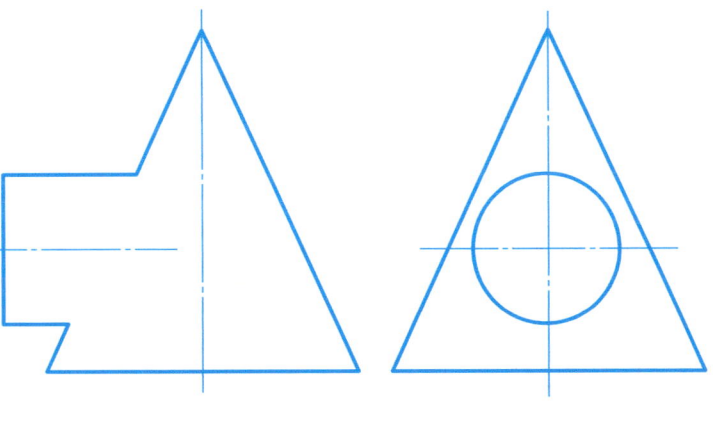
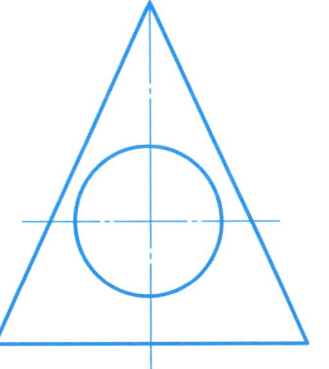
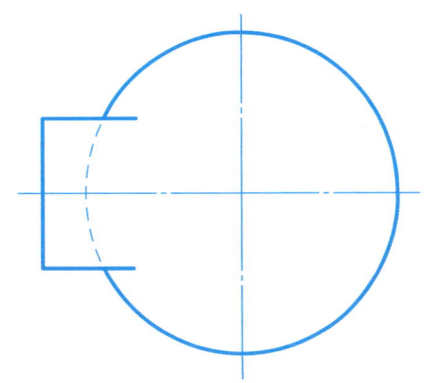
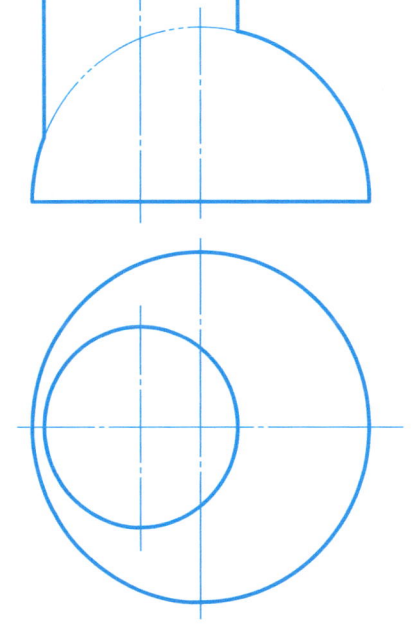
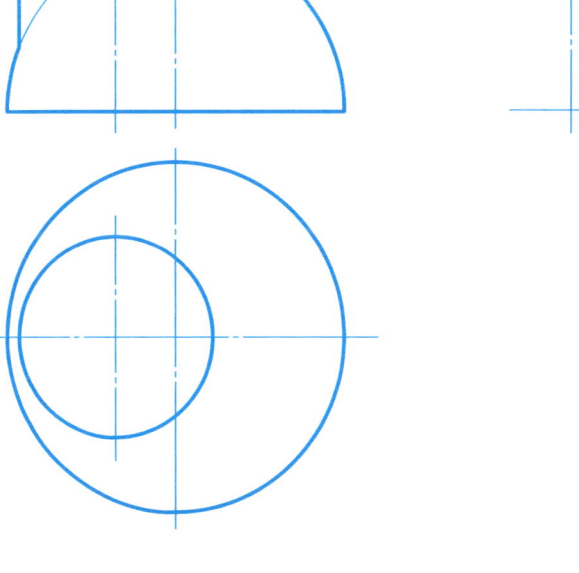

3-25 完成下列各图中相贯线的投影（注意特殊情况下的相贯线）。

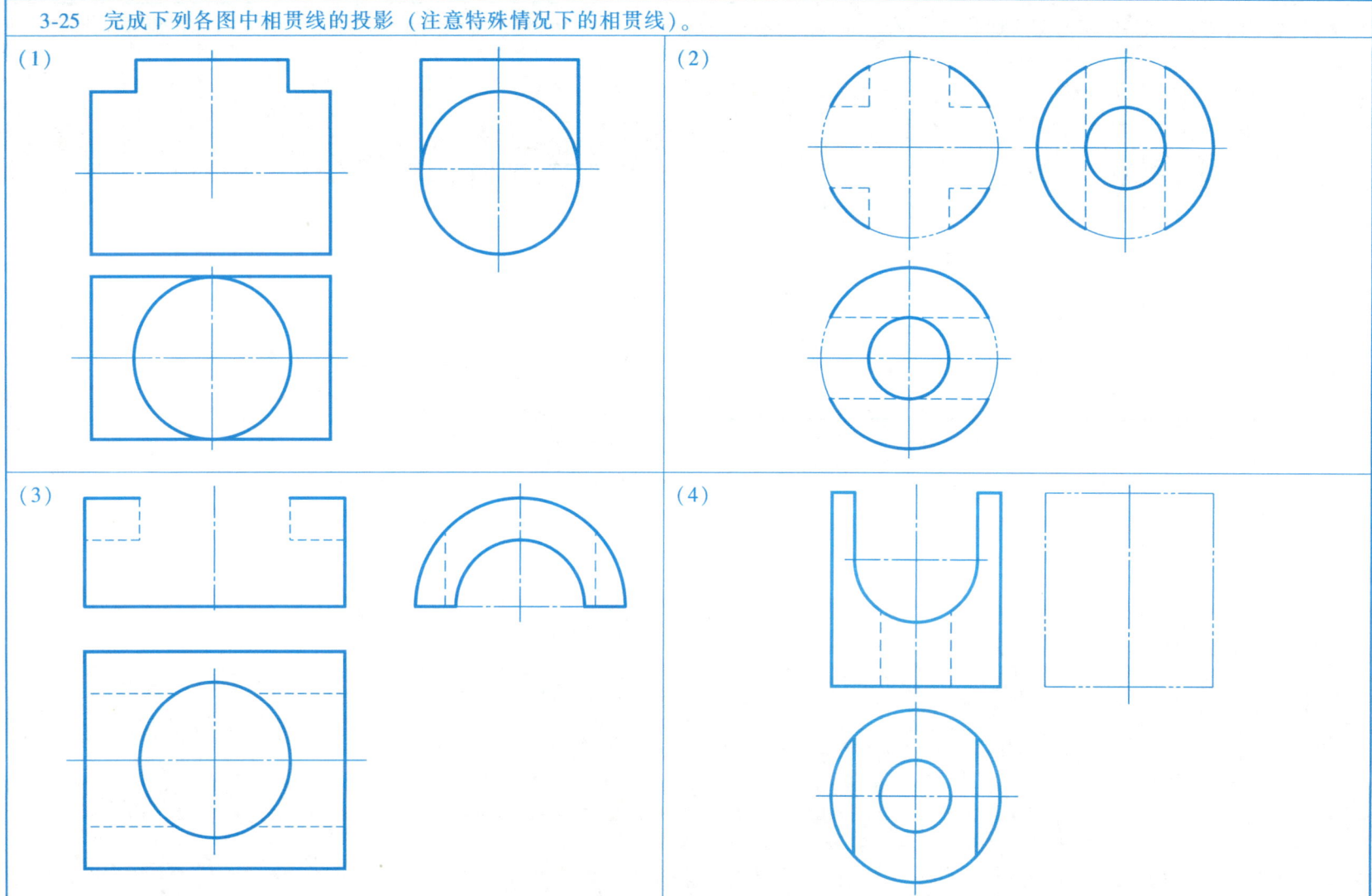

第四章 轴测投影

一、正等测轴测图的绘制

班级：　　　姓名：　　　学号：

4-1 画出机件的正等轴测图（一）。

(1)

(2)

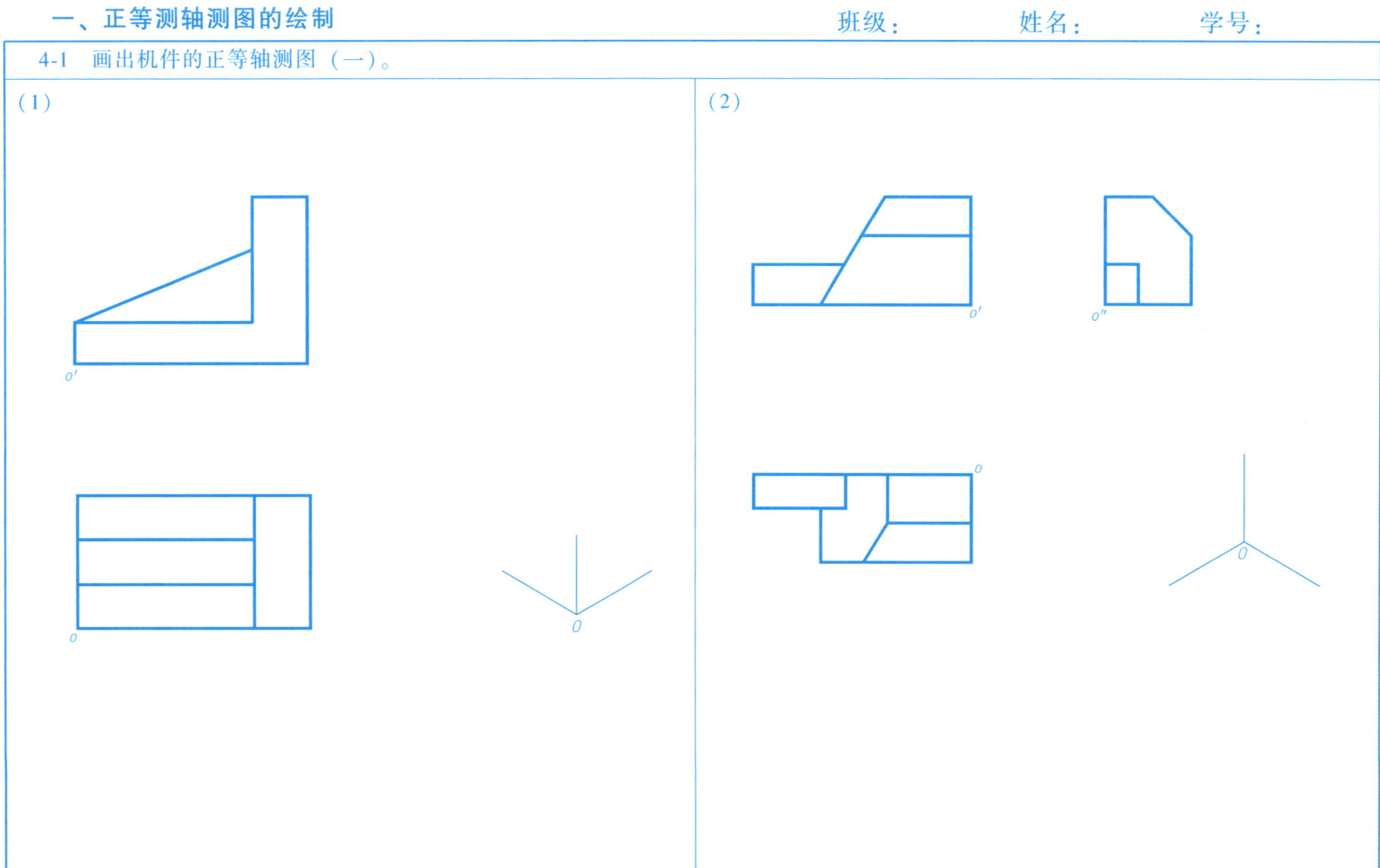

4-2 画出机件的正等轴测图（二）。

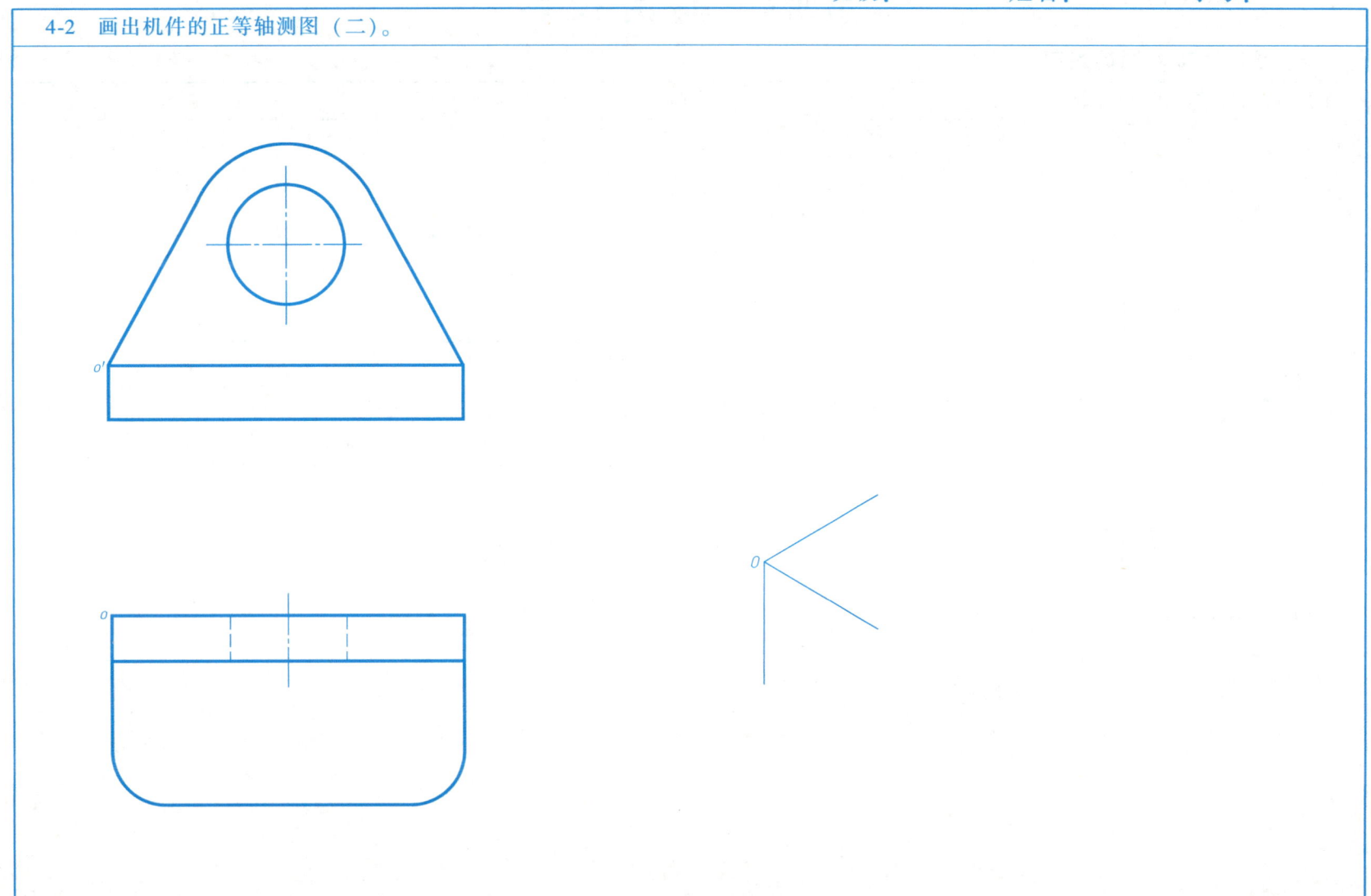

4-3　画出机件的正等轴测图（三）。

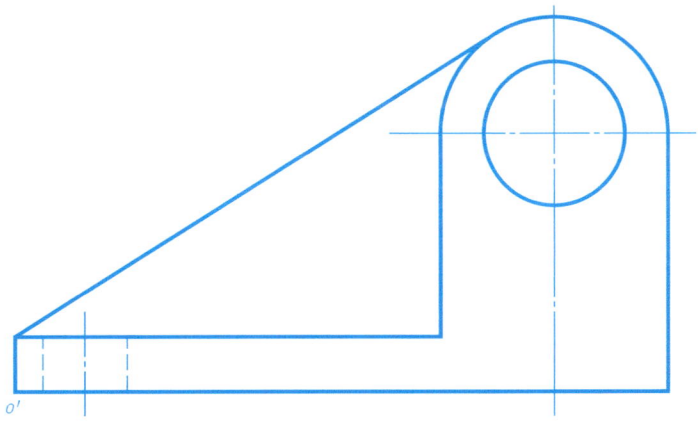

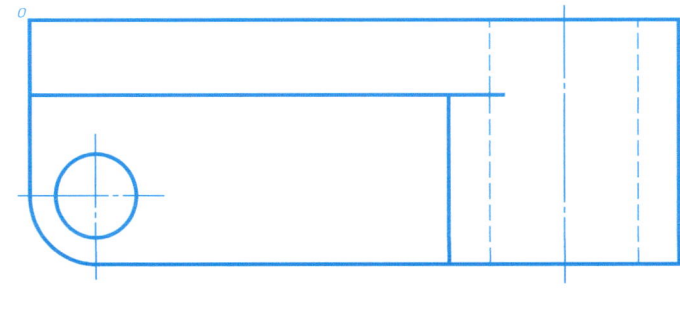

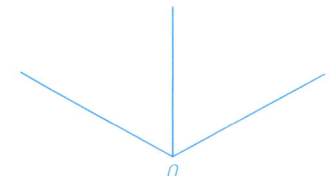

二、斜二等轴测图的绘制

4-4 画出机件的斜二等轴测图（一）。

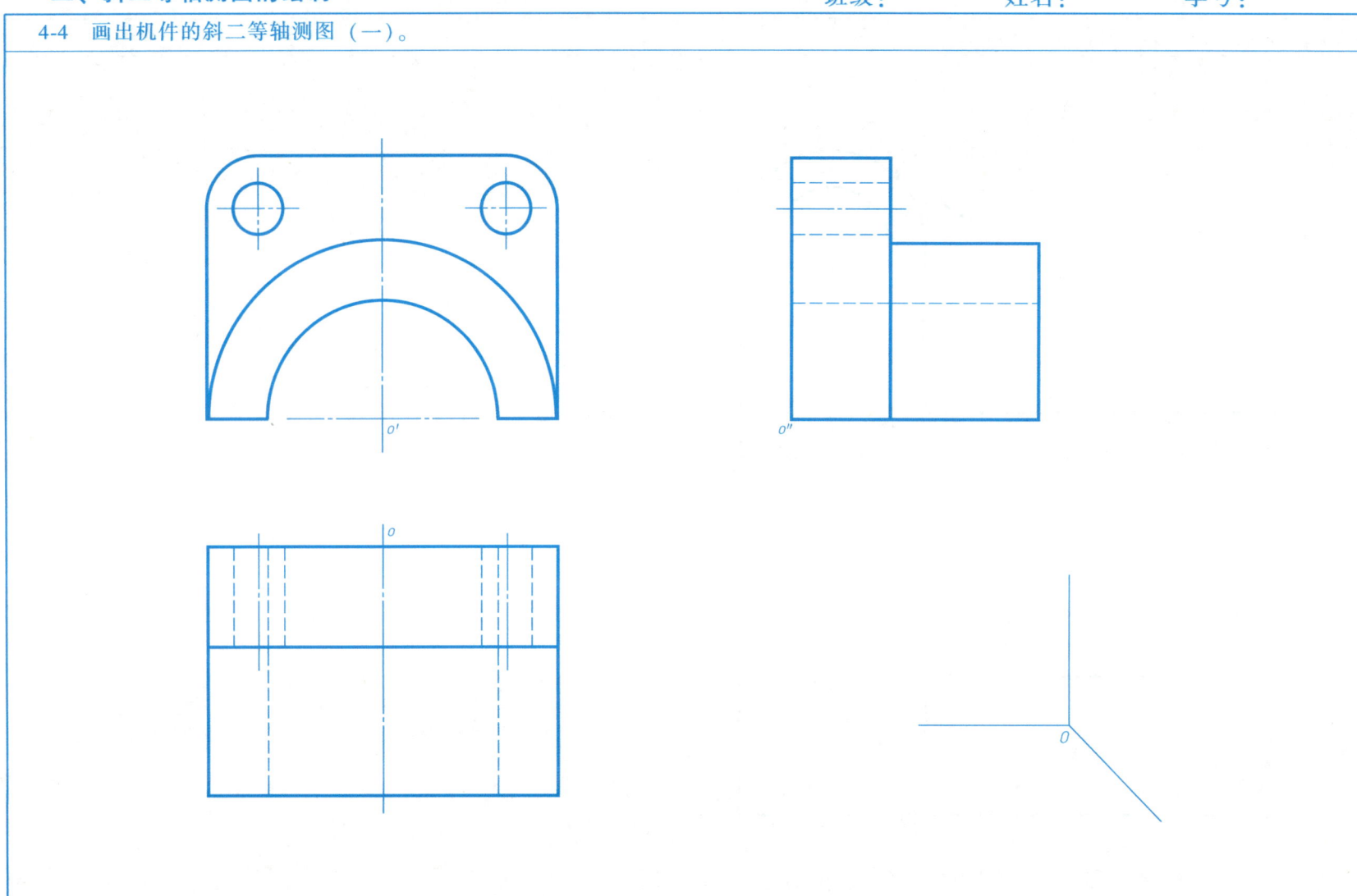

4-5 画出机件的斜二等轴测图（二）。

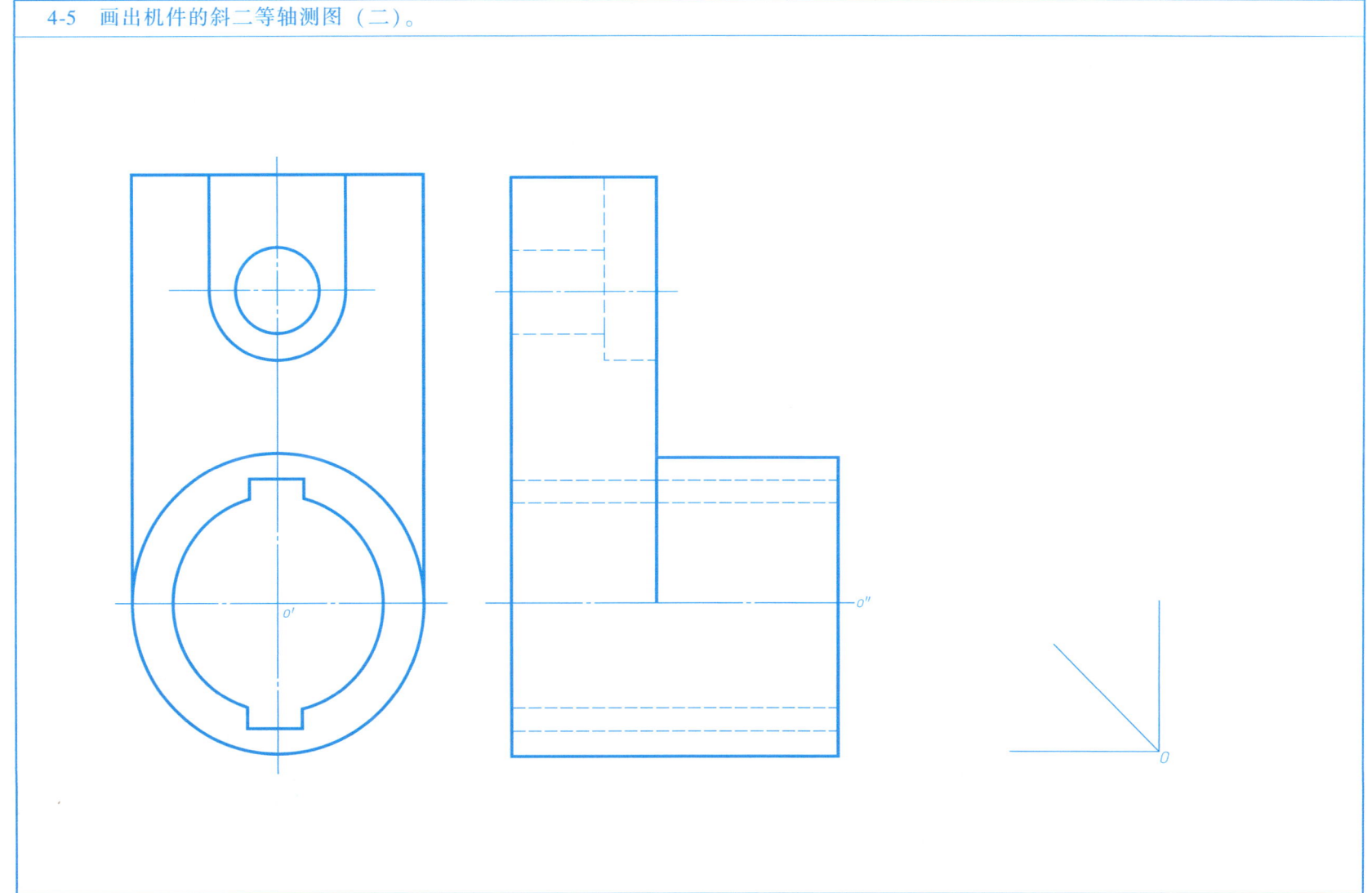

第五章 组合体的投影

一、组合体的画法

班级：　　　　姓名：　　　　学号：

5-1 根据轴测图上所注尺寸，用 1∶1 的比例画出立体的三视图，图中圆孔均为通孔（一）。

(1)

(2)

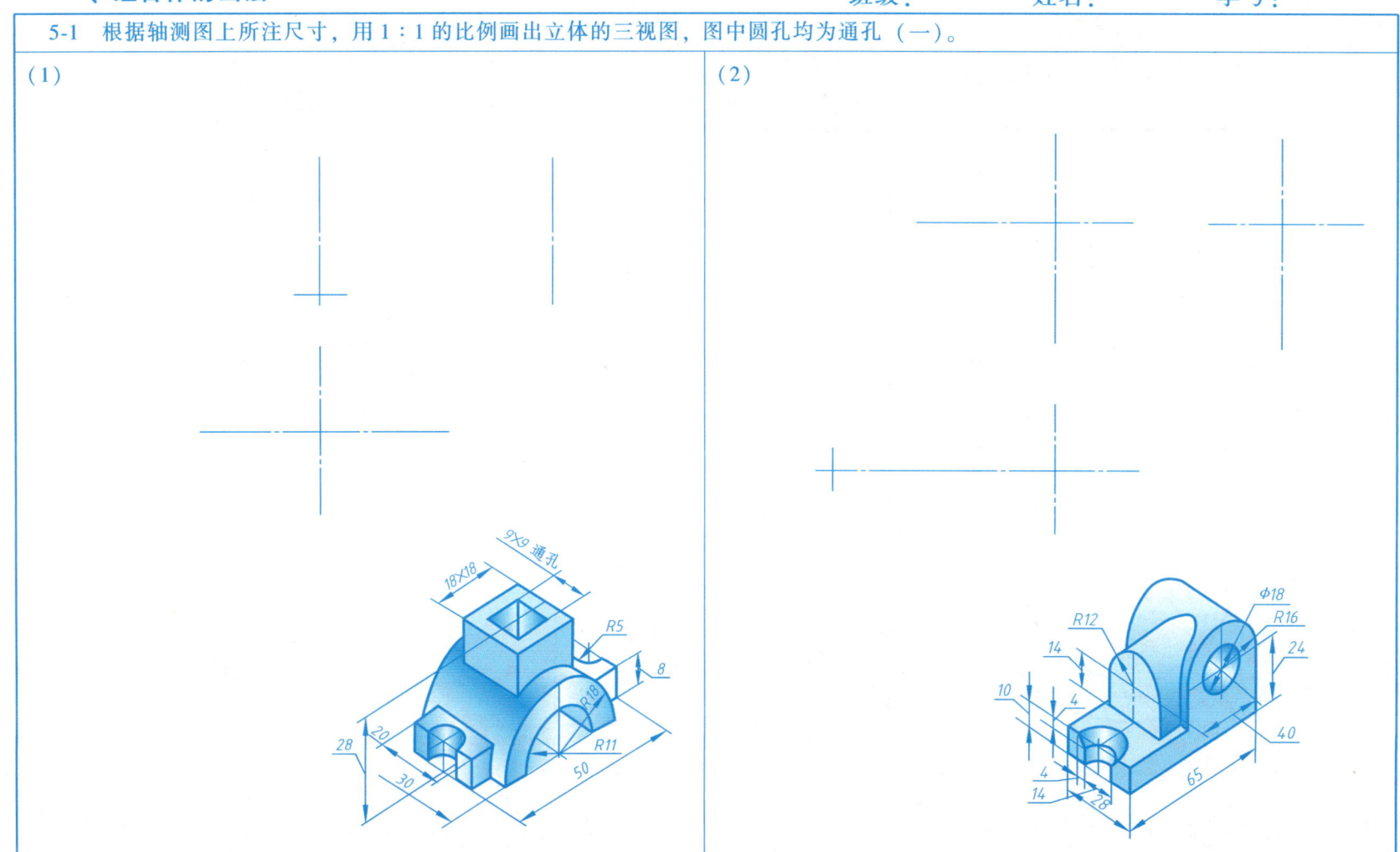

5-1 根据轴测图上所注尺寸，用1:1的比例画出立体的三视图，图中圆孔均为通孔（二）。

(1)

(2)

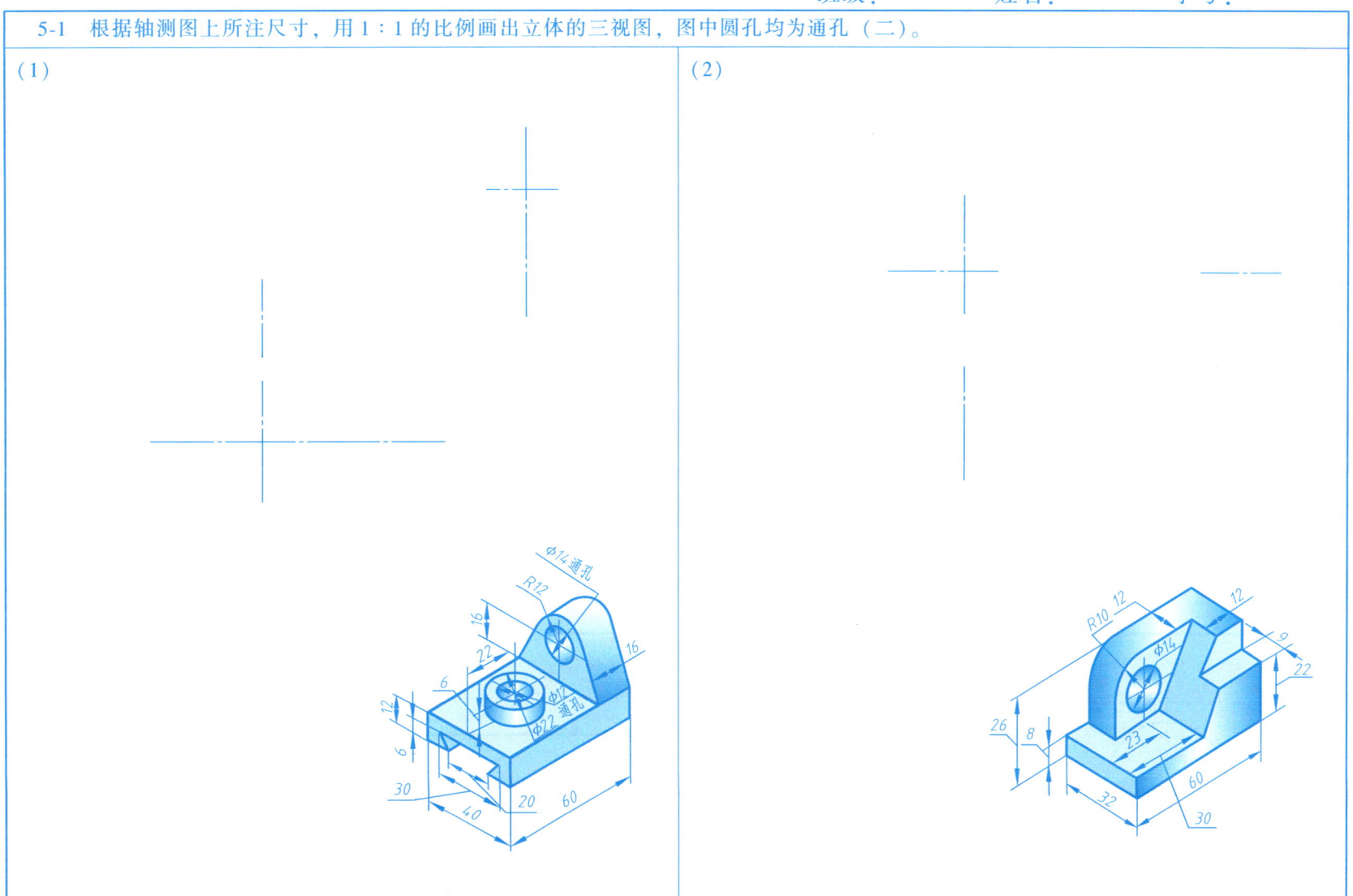

班级：　　　姓名：　　　学号：

5-2 根据三视图的形成及其投影规律，补画组合体视图中所缺图线（一）。

(1)

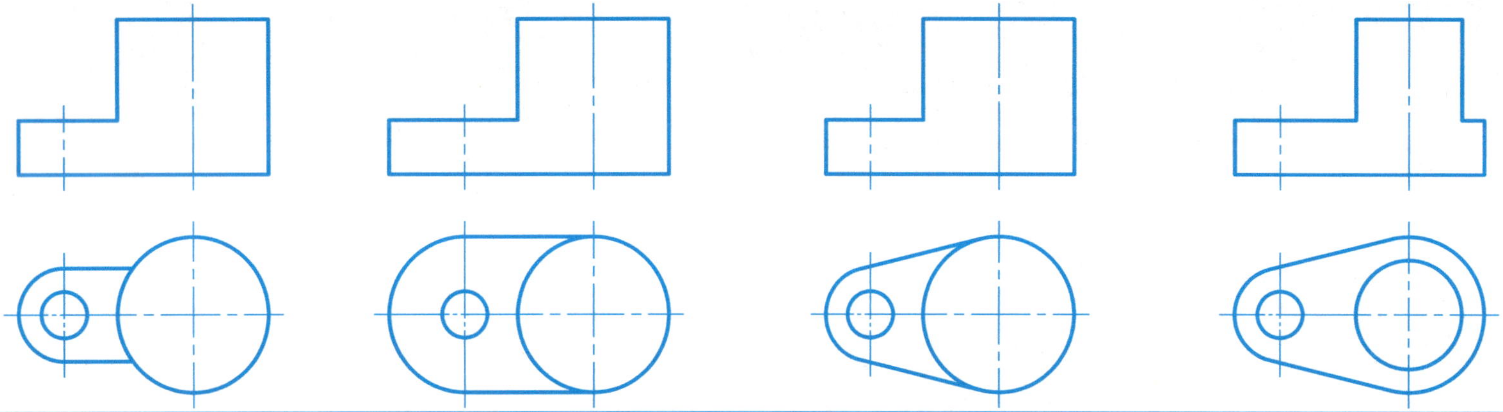

(2)

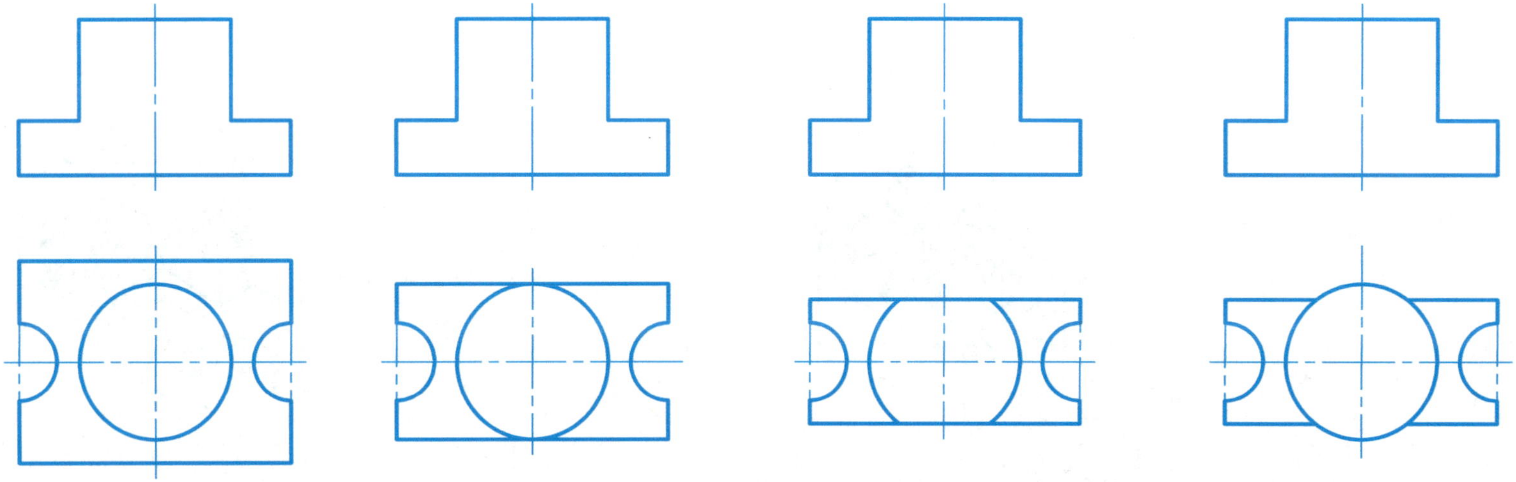

· 28 ·

5-2 根据三视图的形成及其投影规律，补画组合体视图中所缺图线（二）。

(1)

(2)

(3)

(4)

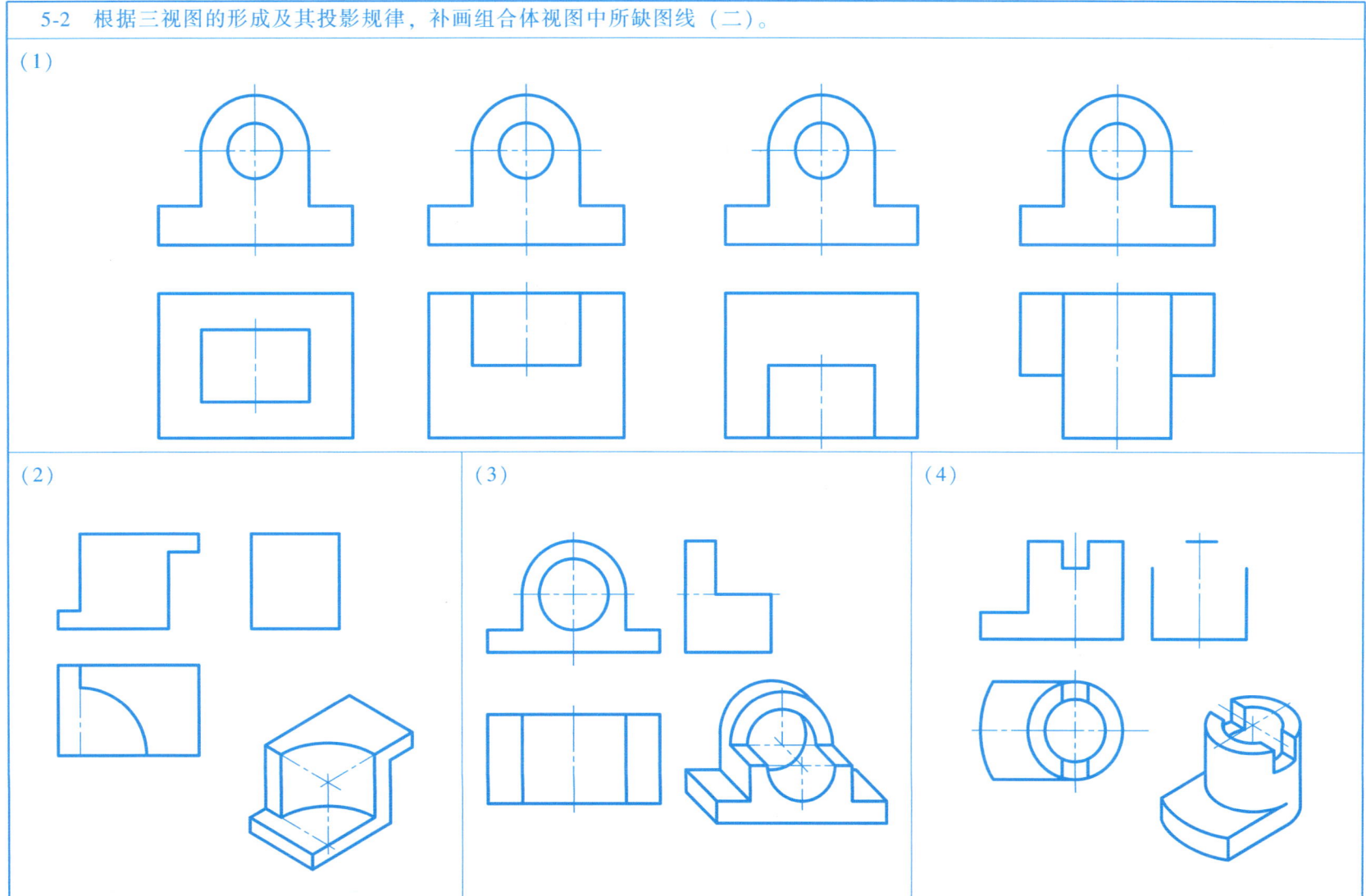

二、组合体的尺寸标注　　　　　　　　　班级：　　　姓名：　　　学号：

5-3　分析组合体的构成，根据各组成部分的尺寸，完成组合体的尺寸标注，尺寸数字从图上量取并取整。

(1)

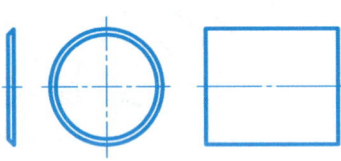
a) 倒角部分

b) 圆柱部分

c) 圆盘部分

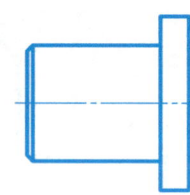

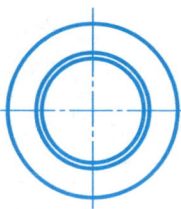
d) 组合体

(2)

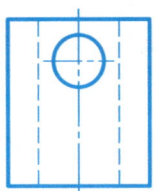

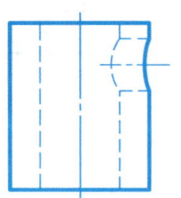

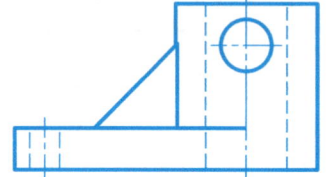

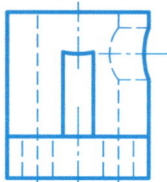

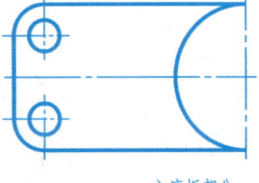
a) 底板部分

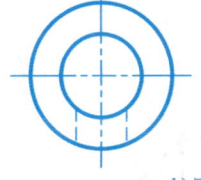
b) 圆柱部分

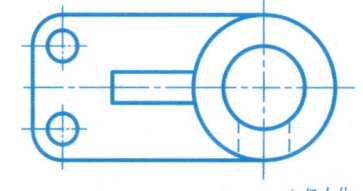
c) 组合体

班级： 姓名： 学号：

5-4 在组合体上标注尺寸（尺寸从视图中直接量取并取整，小圆角不注尺寸）。

(1)

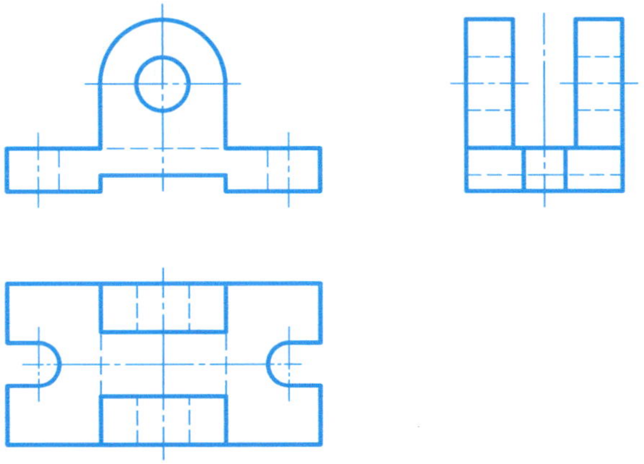

(2)

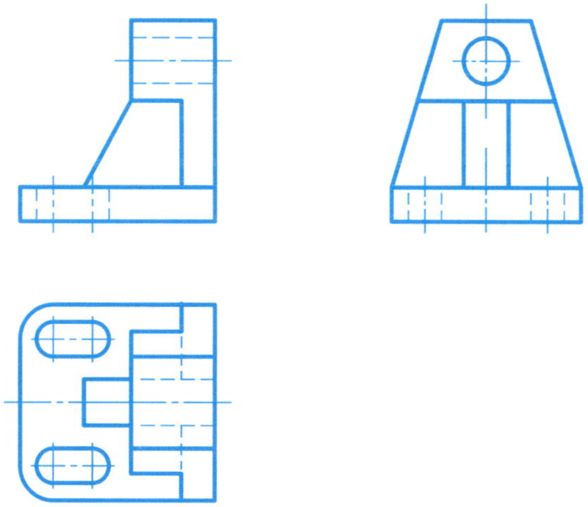

(3)

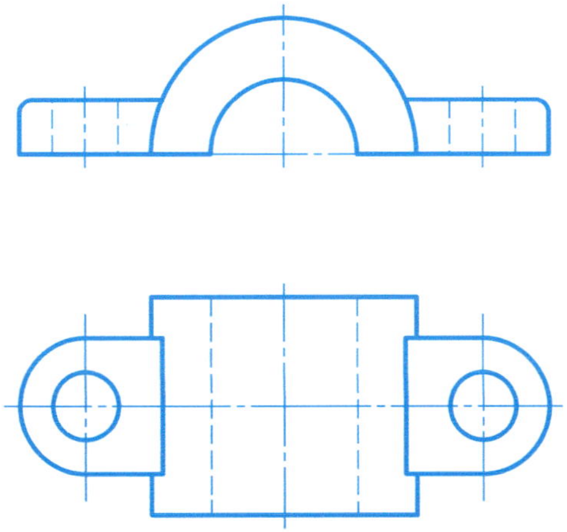

(4)

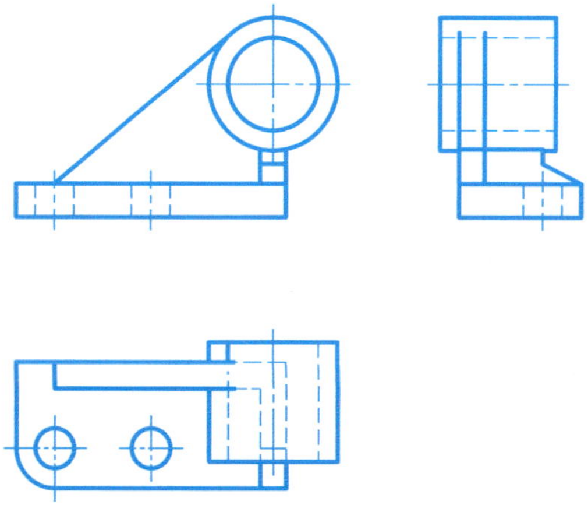

三、组合体的看图　　　　　　　　　　　班级：　　　姓名：　　　学号：

5-5　补画视图中所缺图线。

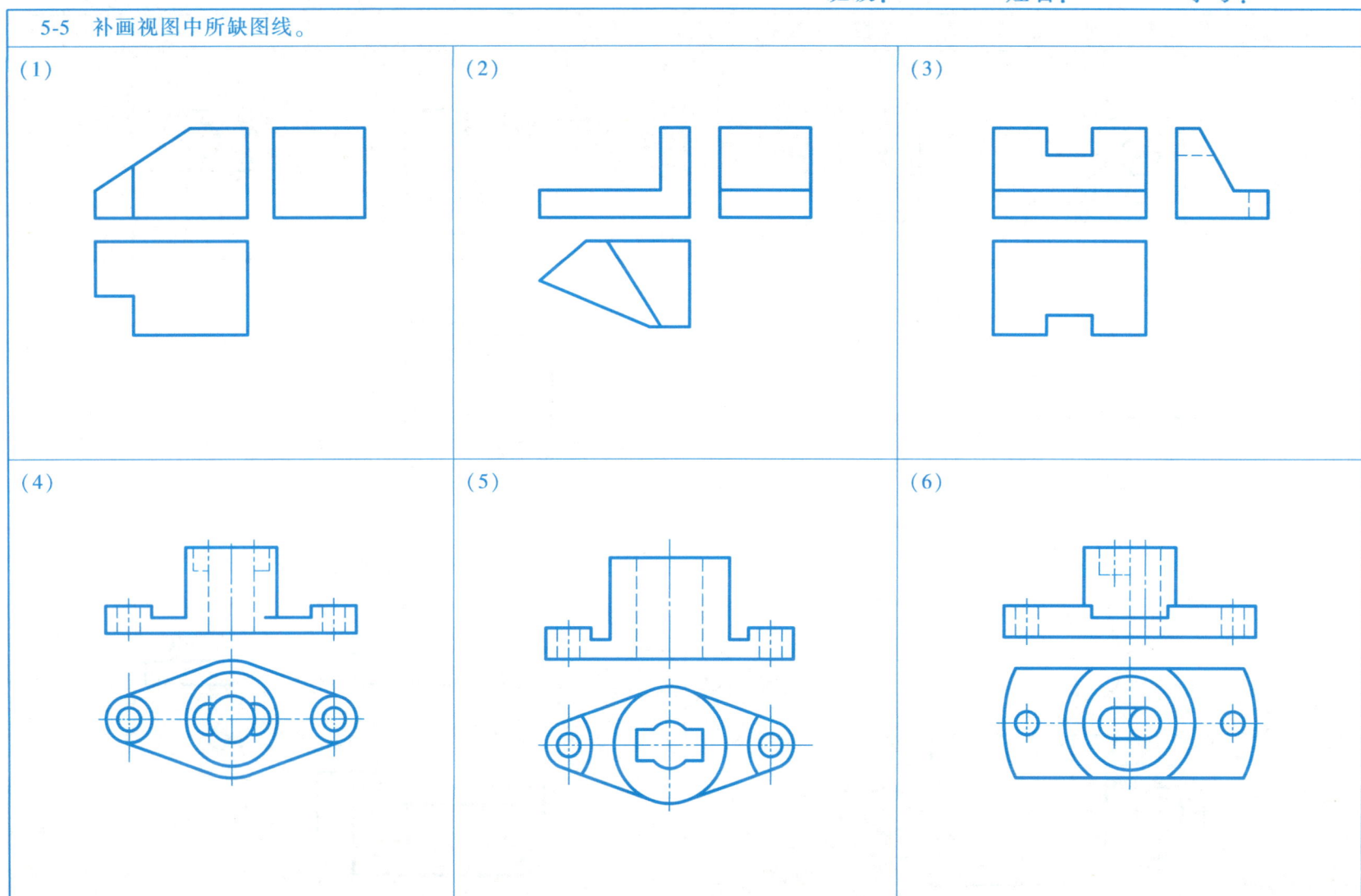

5-6 根据所给的两面投影,分析立体形状,补画出立体的第三面投影。

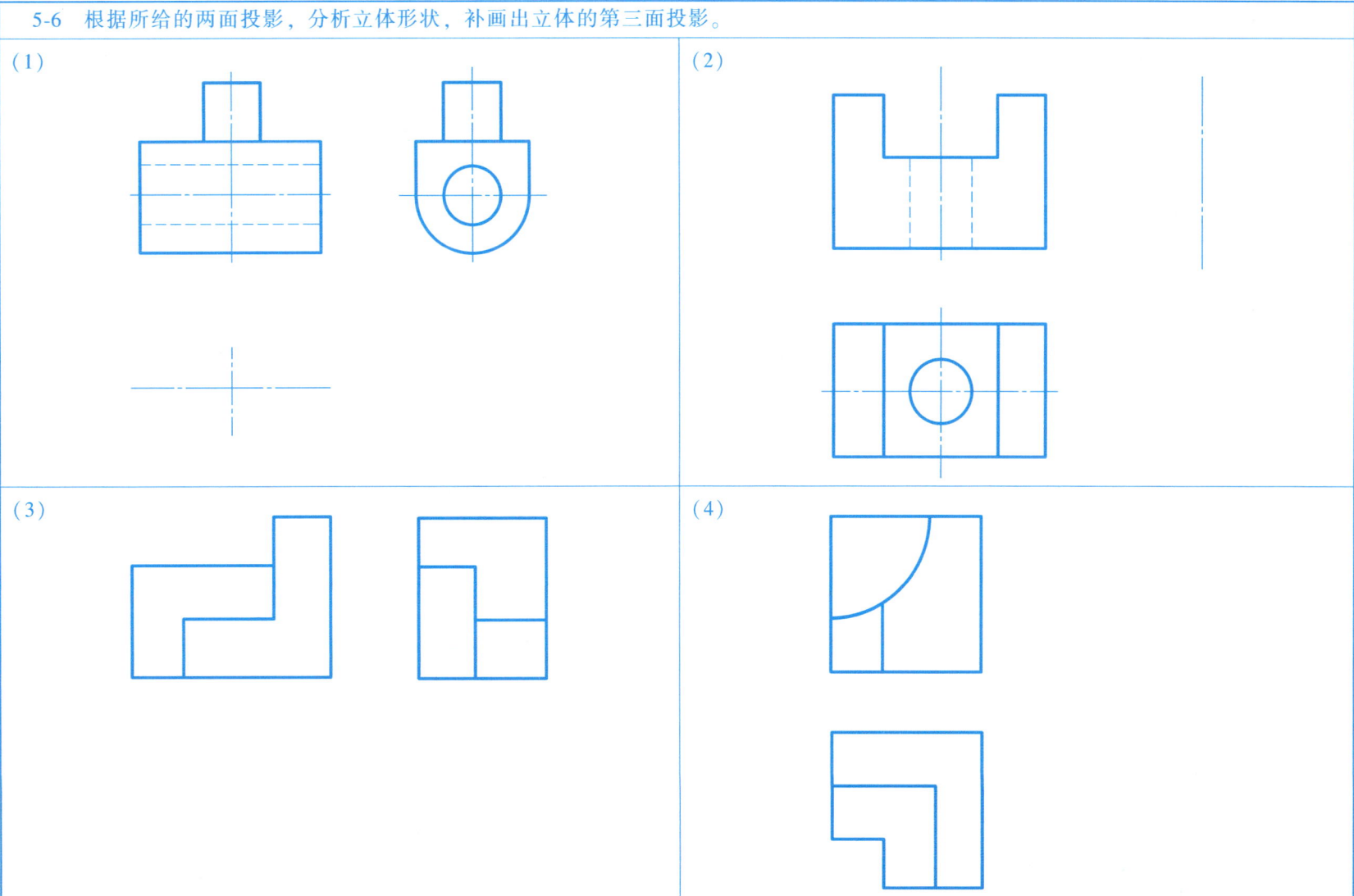

5-7 根据所给的两面投影，分析立体形状，补画出立体的第三面投影。

(1) (2) (3) (4)

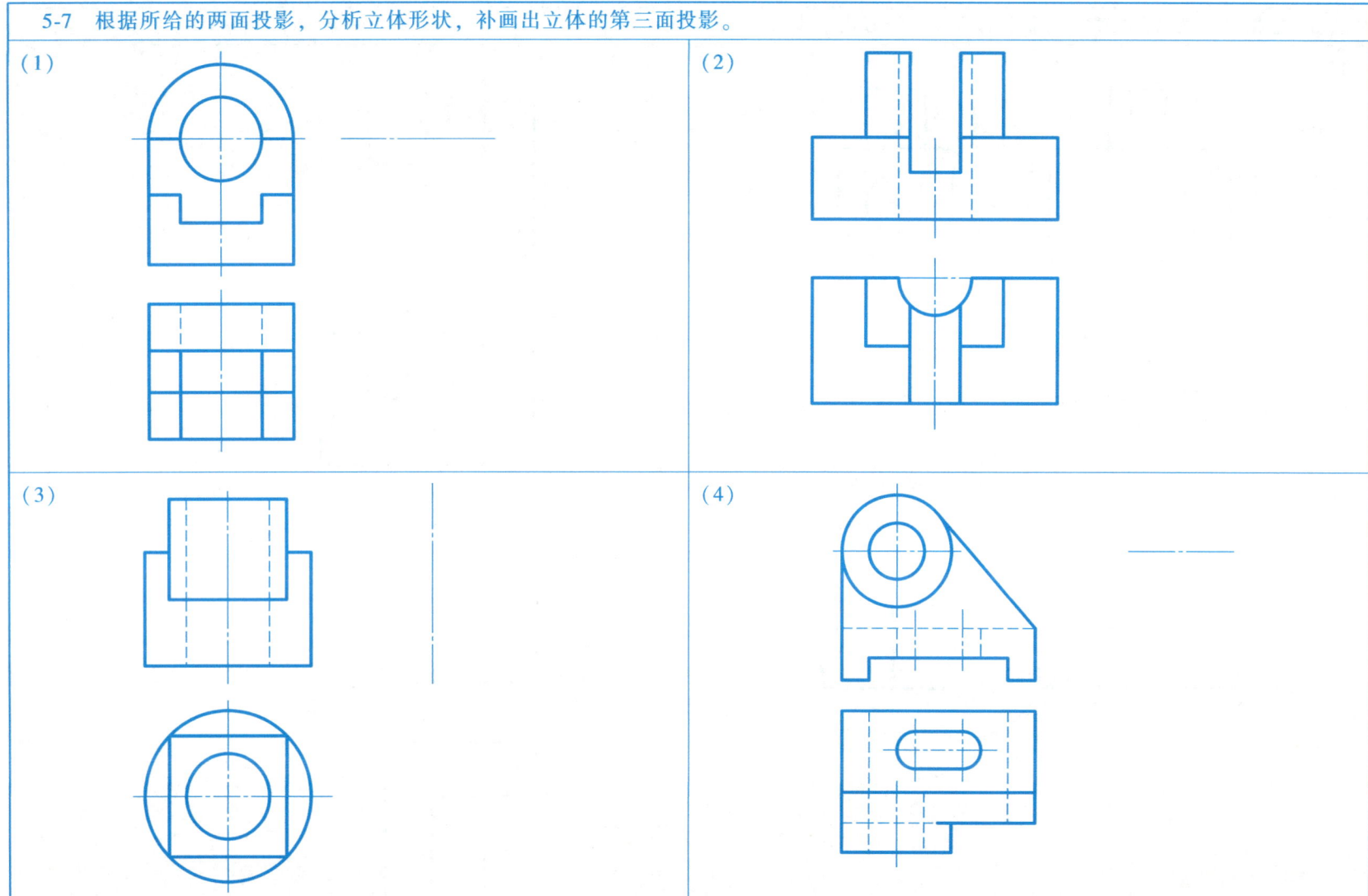

班级： 姓名： 学号：

5-8 根据所给的两面投影和轴测图，分析立体形状，补画出立体的第三面投影。

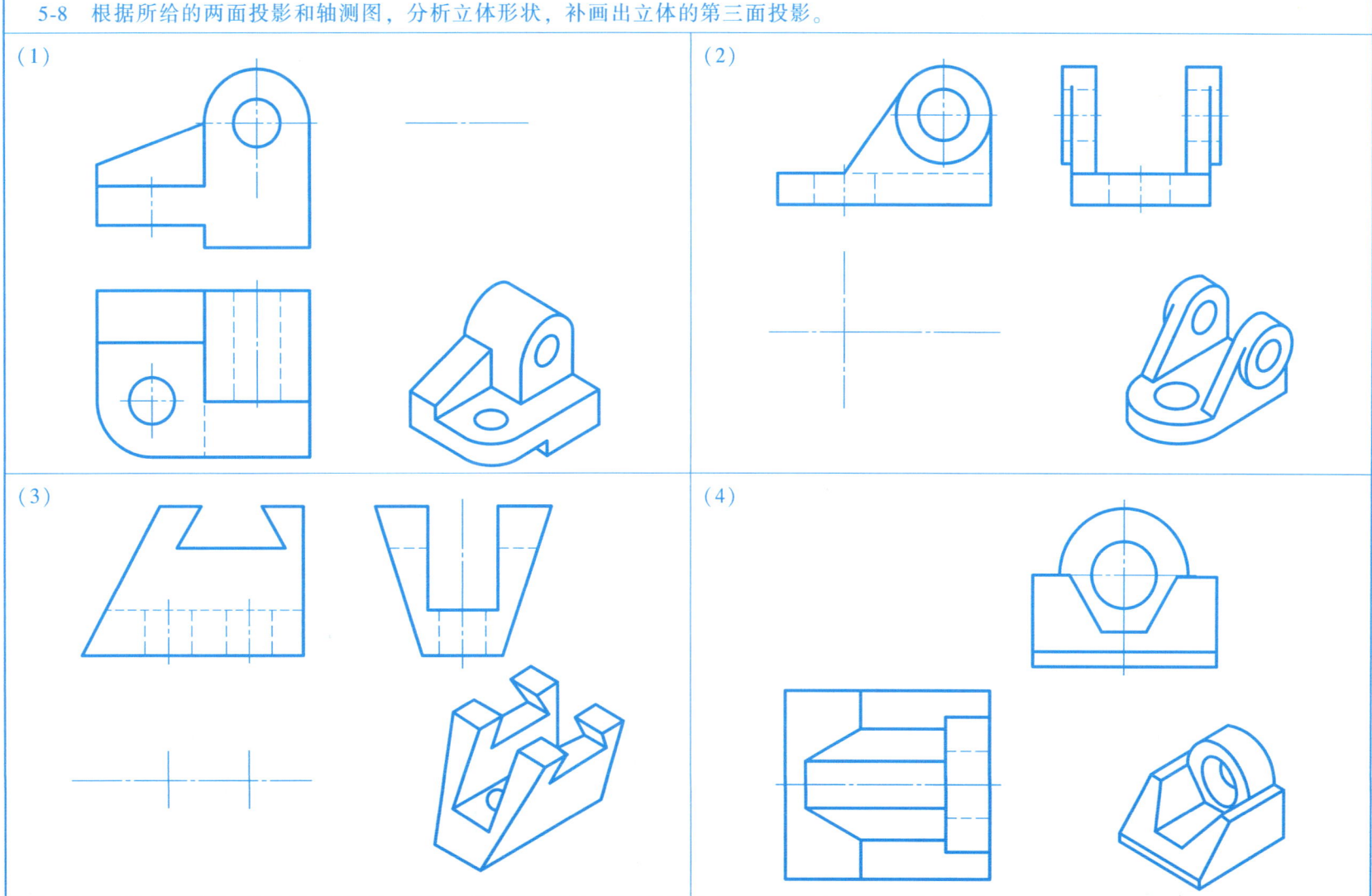

5-9 根据轴测图上所注尺寸，选择适当比例在 A3 图纸上画出组合体的三视图，并标注尺寸。

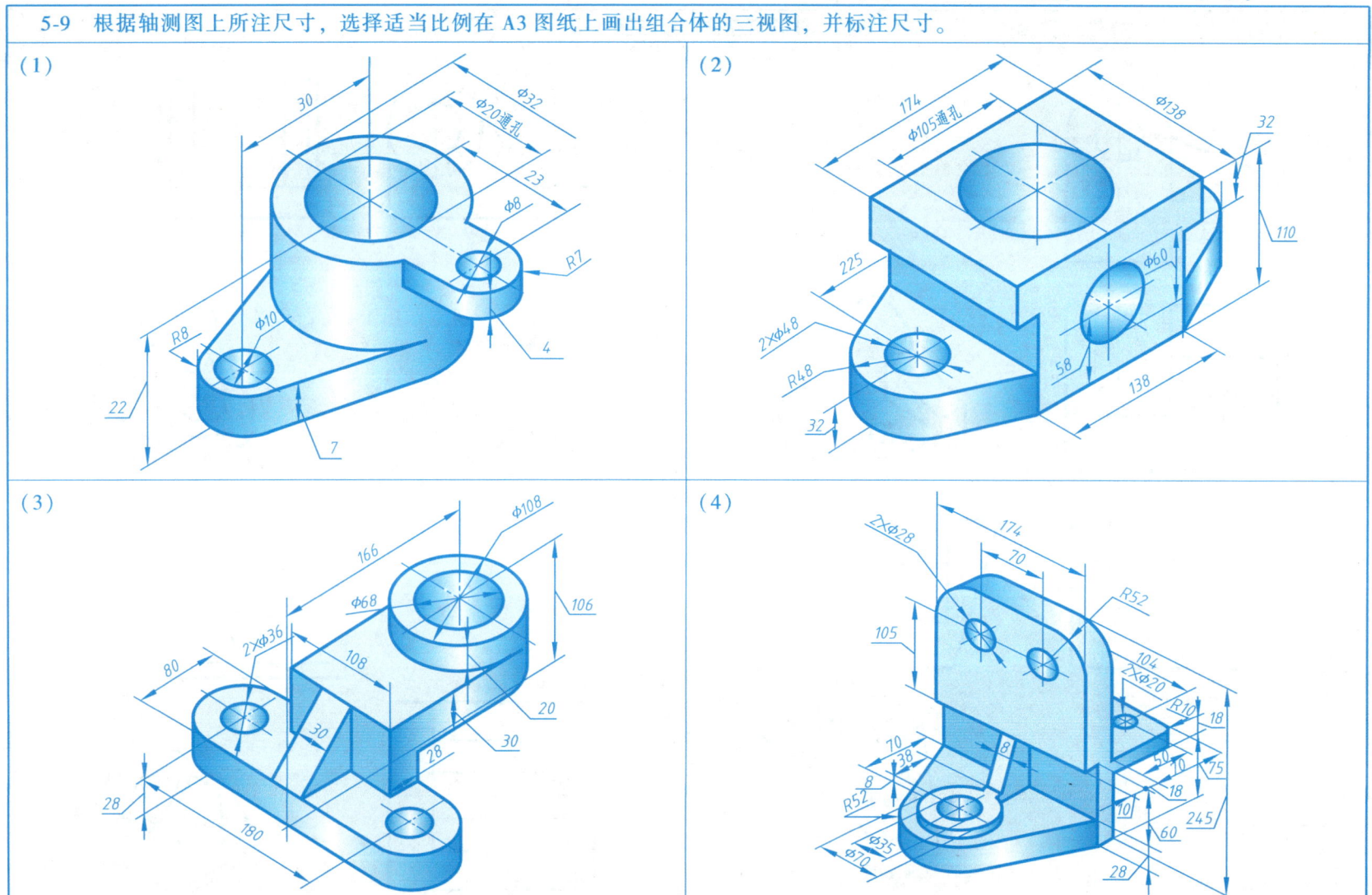

第六章 机件的表达方法

一、基本视图、向视图、局部视图、斜视图　　　　班级：　　姓名：　　学号：

6-1 补全下面机件的其他基本视图。

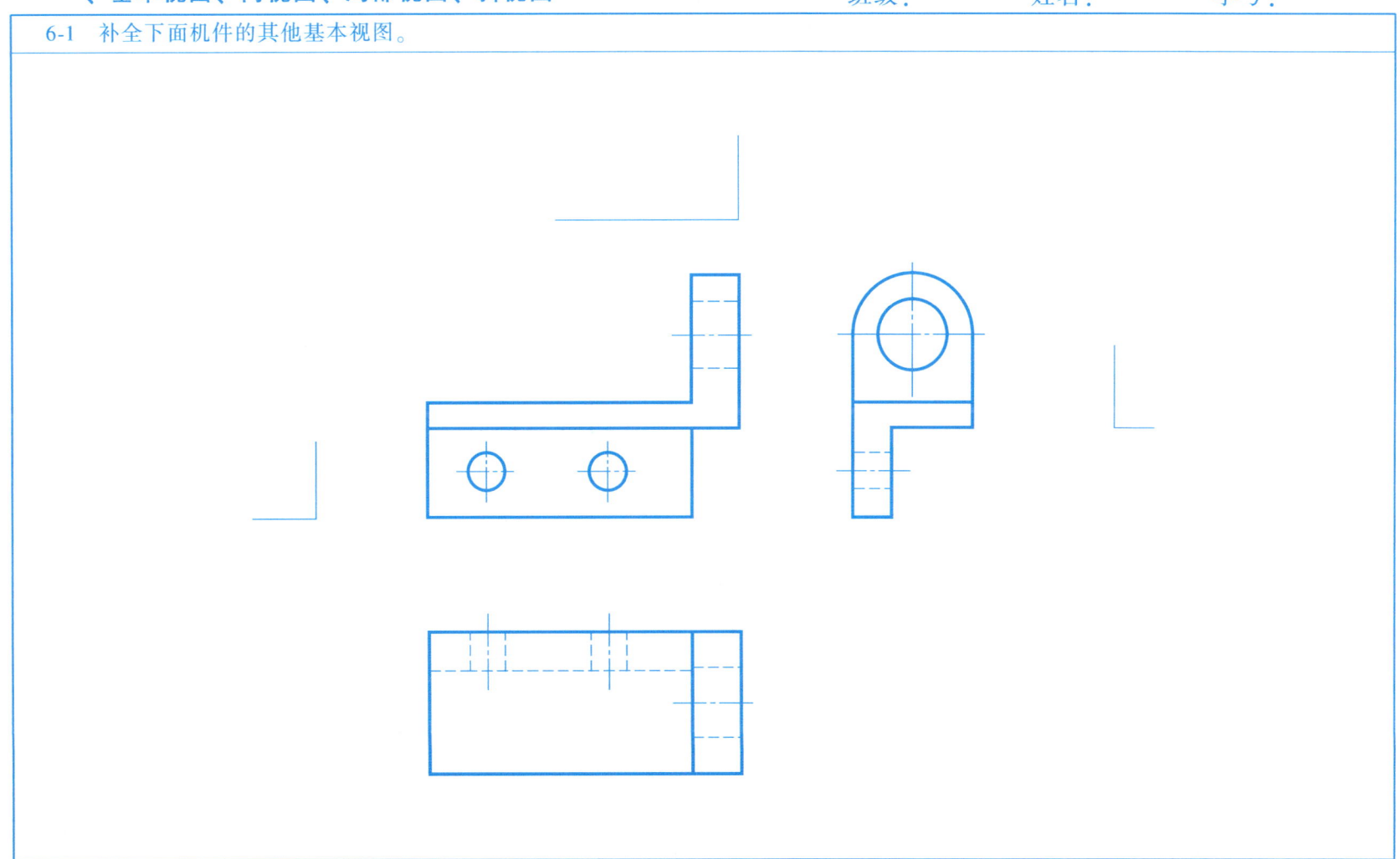

班级：　　　　姓名：　　　　学号：

6-2 根据机件的两视图，画出 A 向斜视图和 B 向局部视图。

二、剖视图　　　　　　　　　　　　　　　　　　　　班级：　　　　姓名：　　　　学号：

6-3 补画主视图上缺少的线条。

(1)

(2)

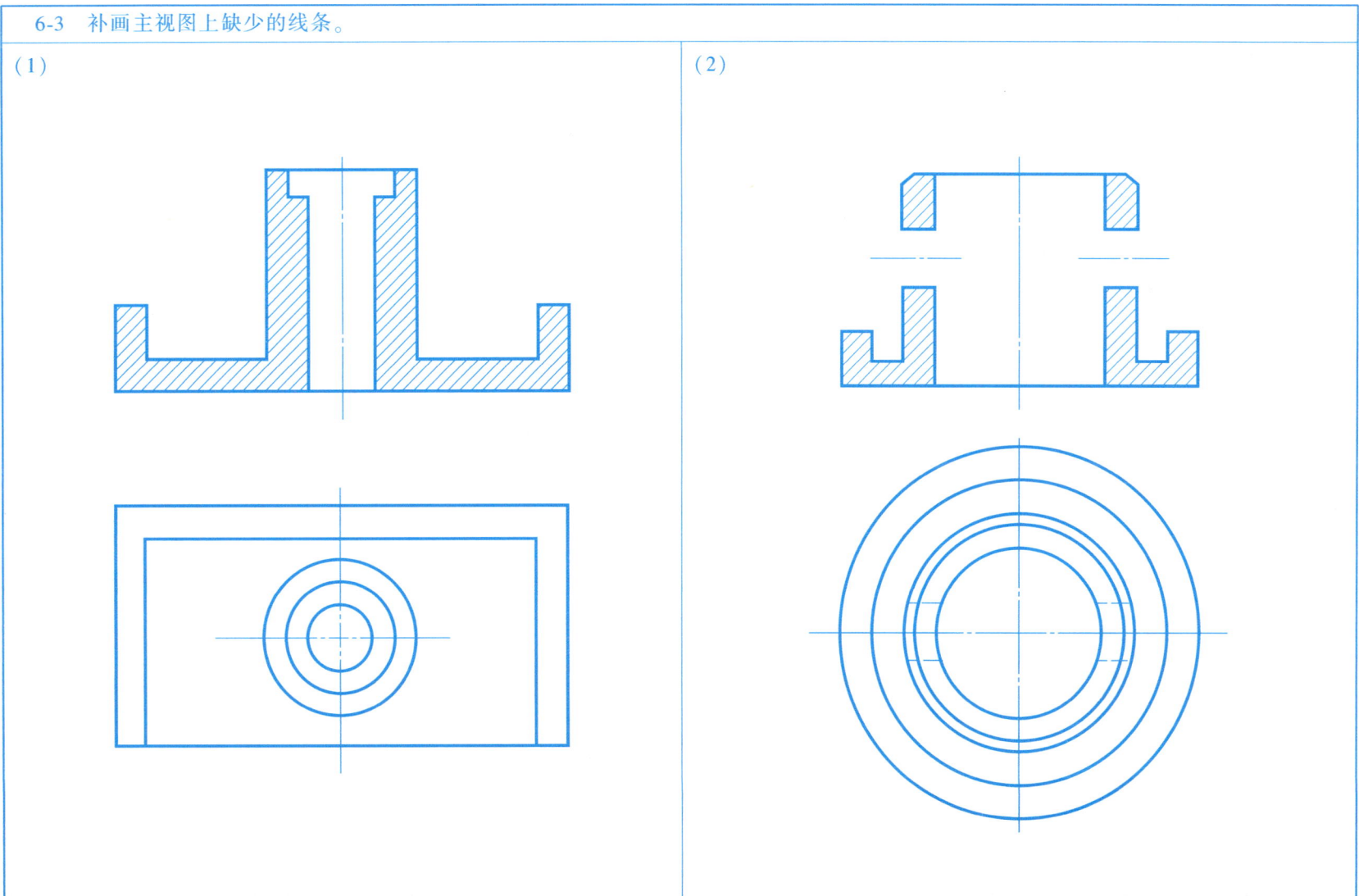

6-4 在指定位置画出全剖视图，并改正原题中的错误。

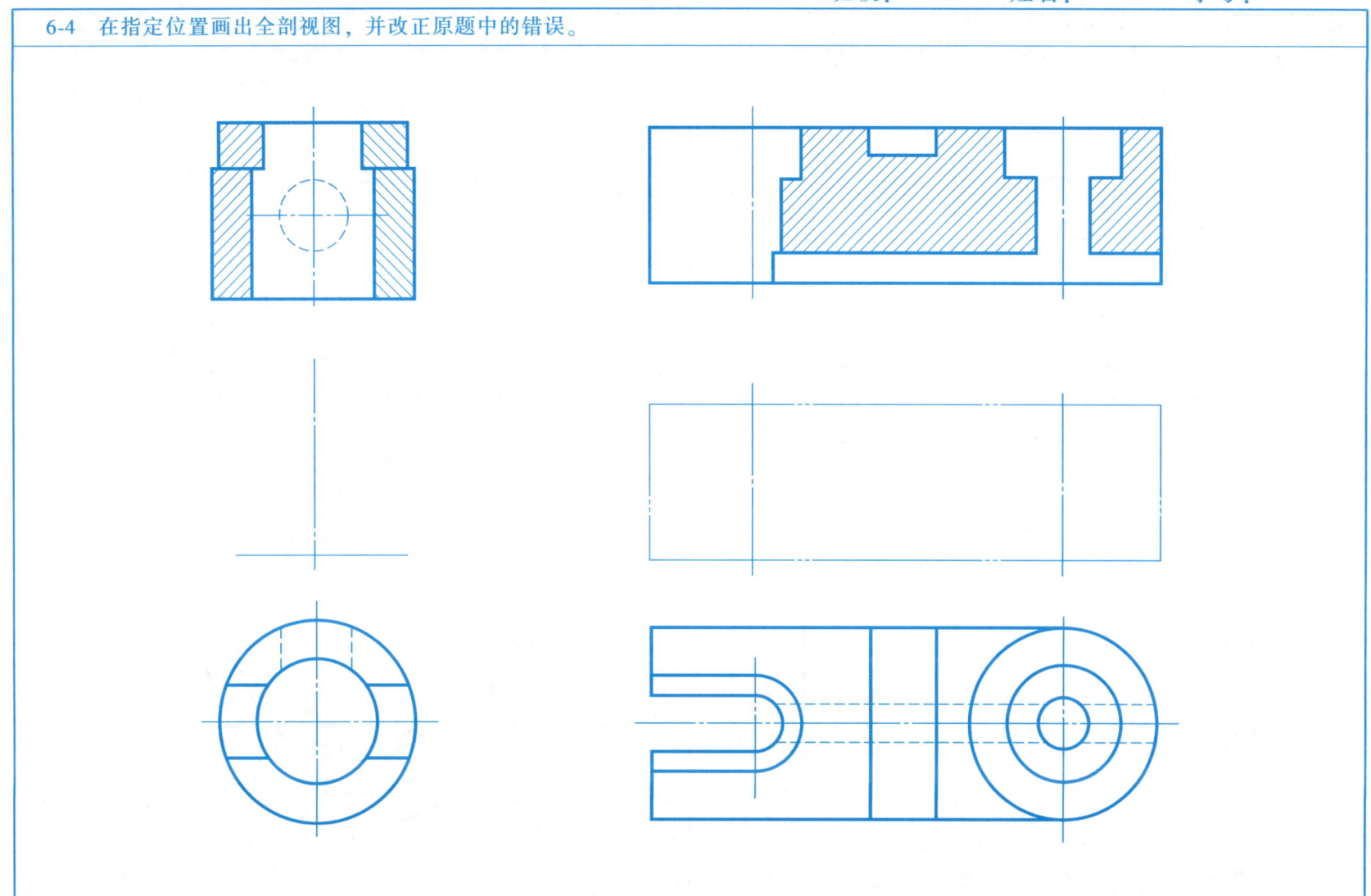

6-5 将下面机件的主视图改画成全剖视图。

(1)

(2)

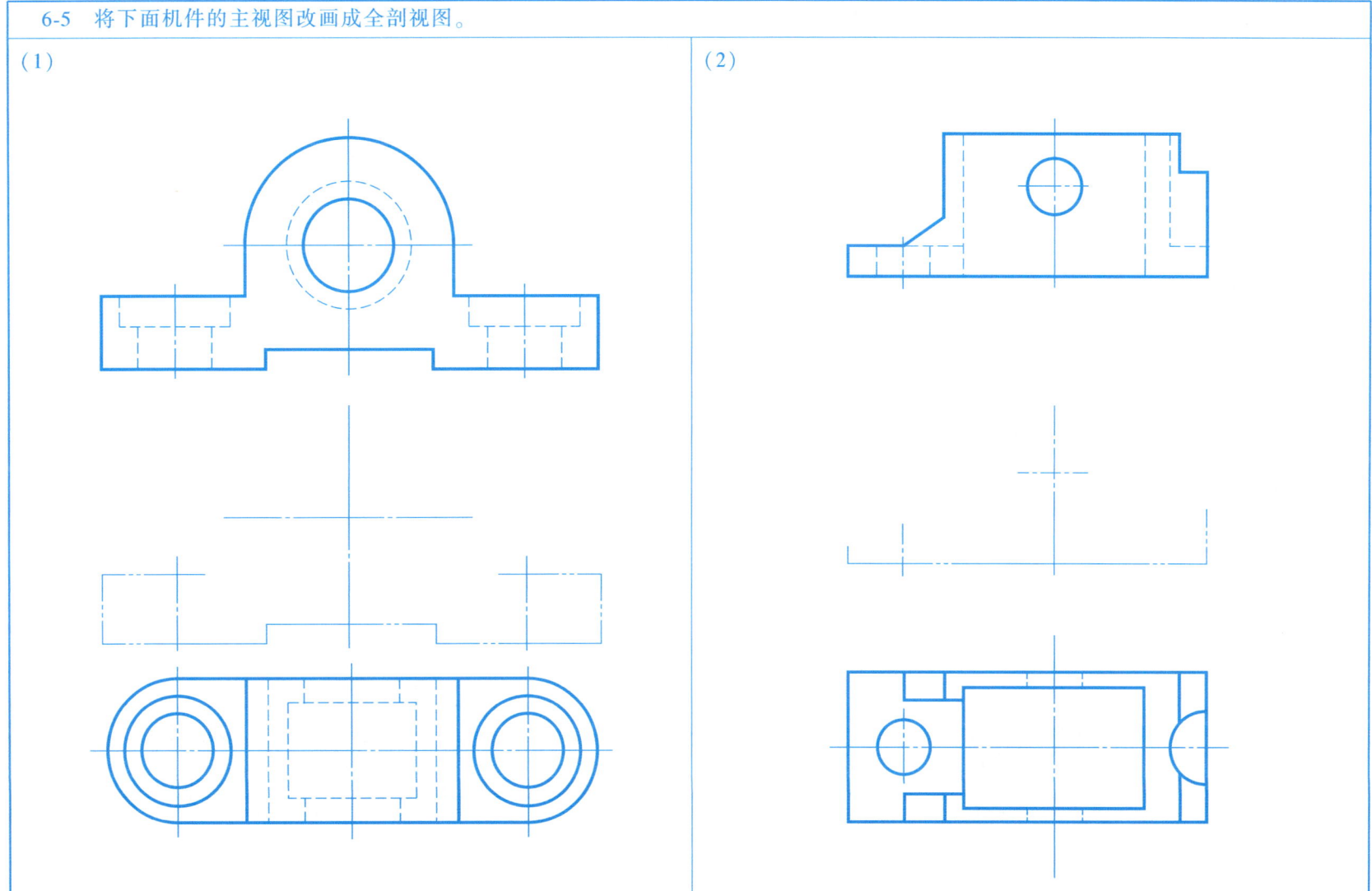

6-6　将下面机件的主视图在指定位置改画成半剖视图。

(1)

(2)

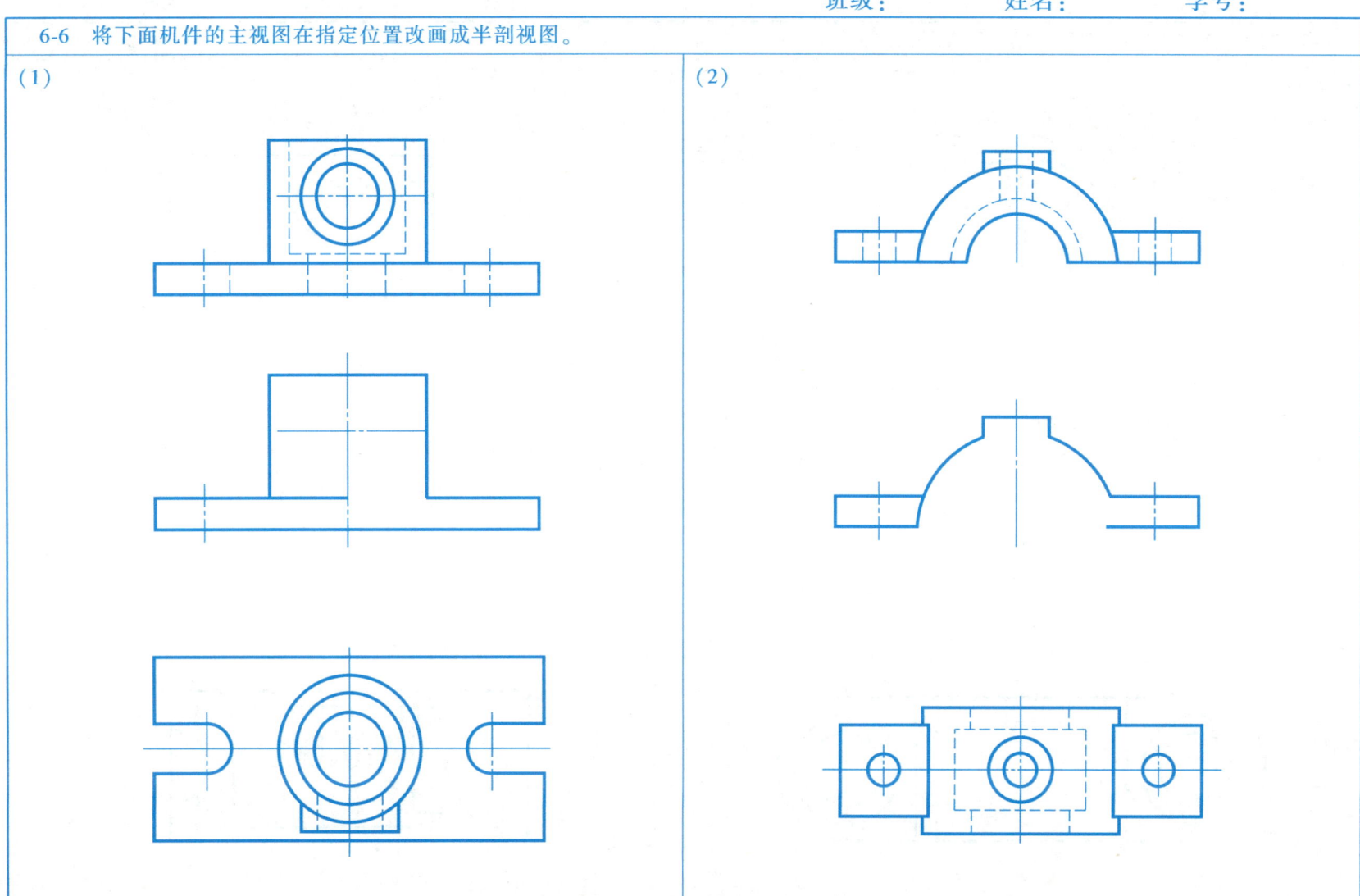

6-7 改画下面机件局部剖视图中的错误（在不要的线上打"××"，缺的线补上）。

(1)

(2)

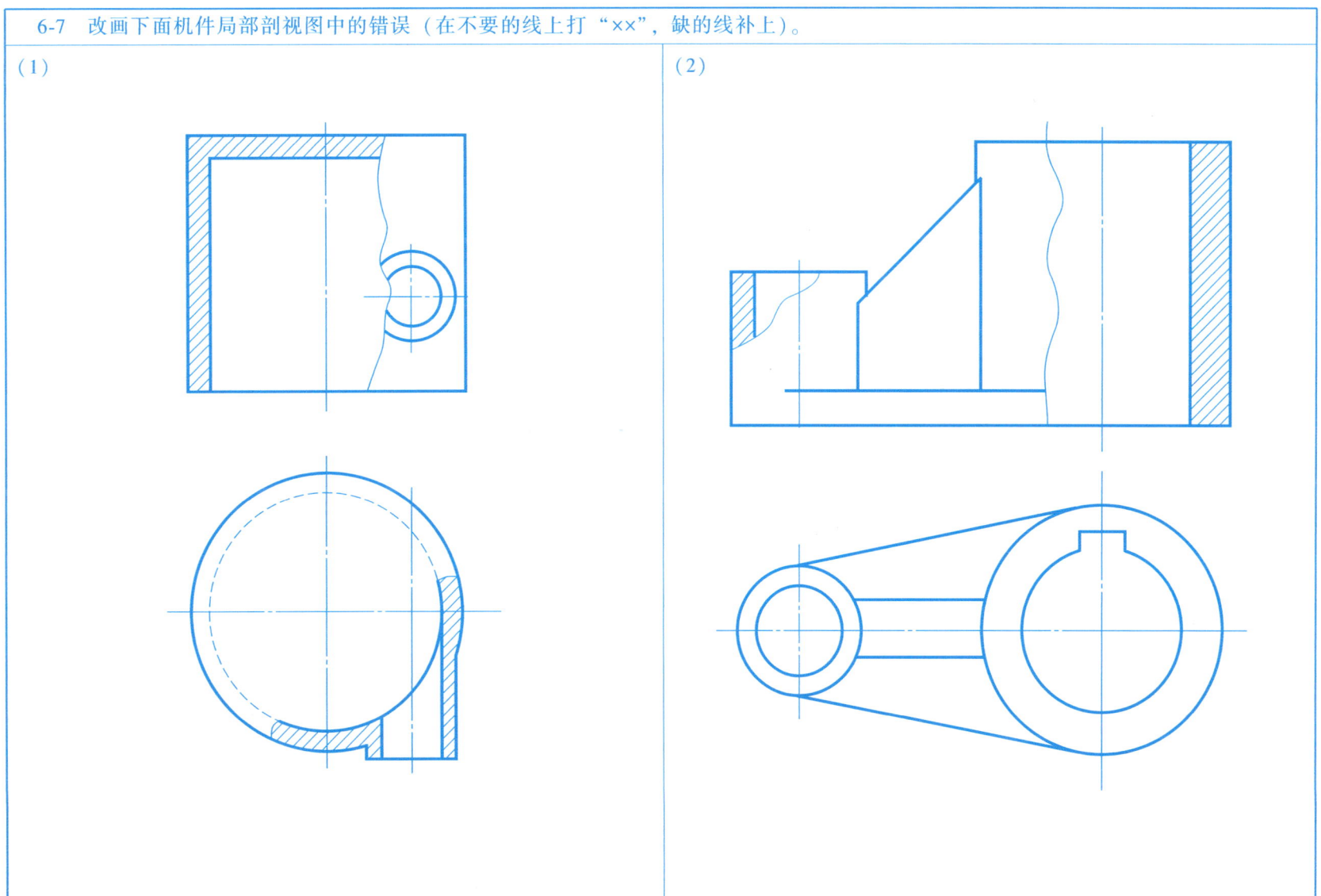

三、断面图　　　　　　　　　　　　　　　班级：　　　姓名：　　　学号：

6-8　画出轴上指定位置的移出断面图，并加以标注。其中左键槽深 4mm，右键槽深 3mm。

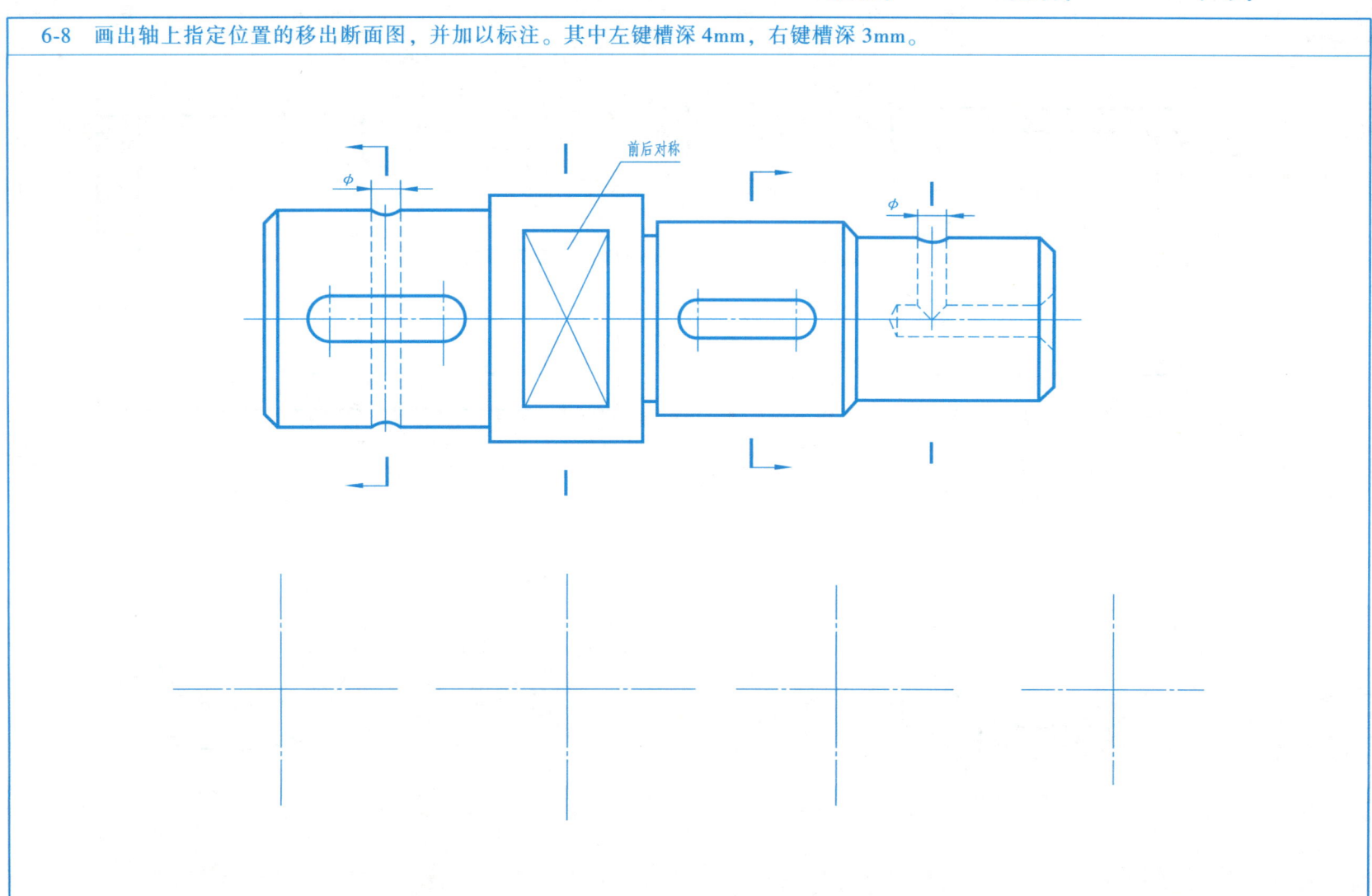

6-9 分析下列各题，在正确断面图的选项上画"√"。

(1)
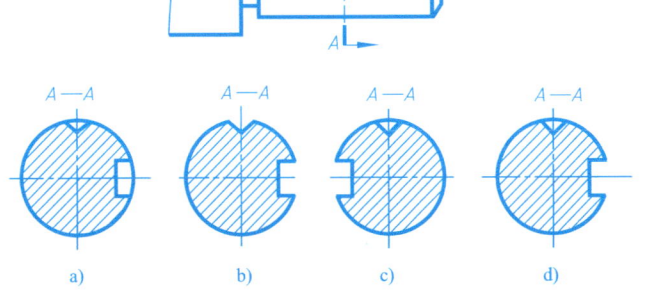

(2)
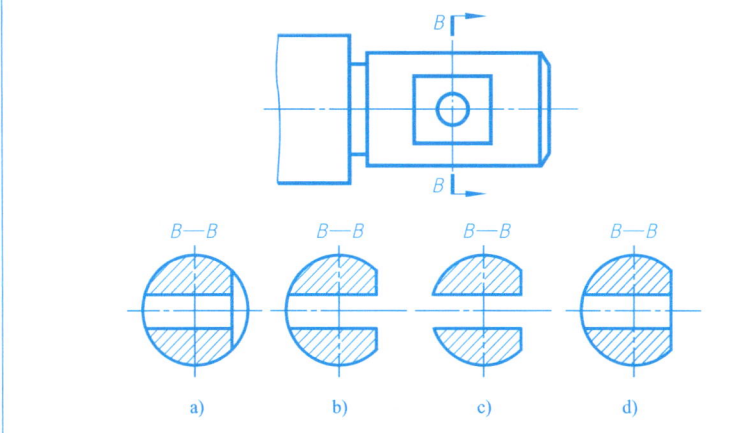

(3)
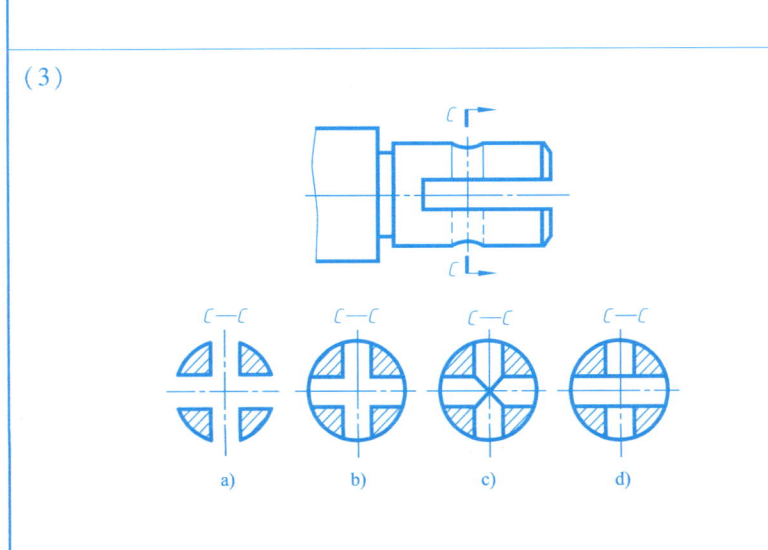

(4)
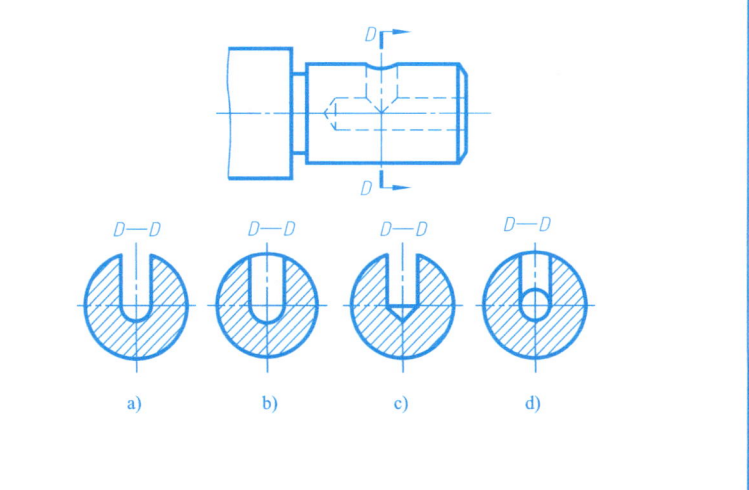

四、表达方法的综合应用

班级：　　　　姓名：　　　　学号：

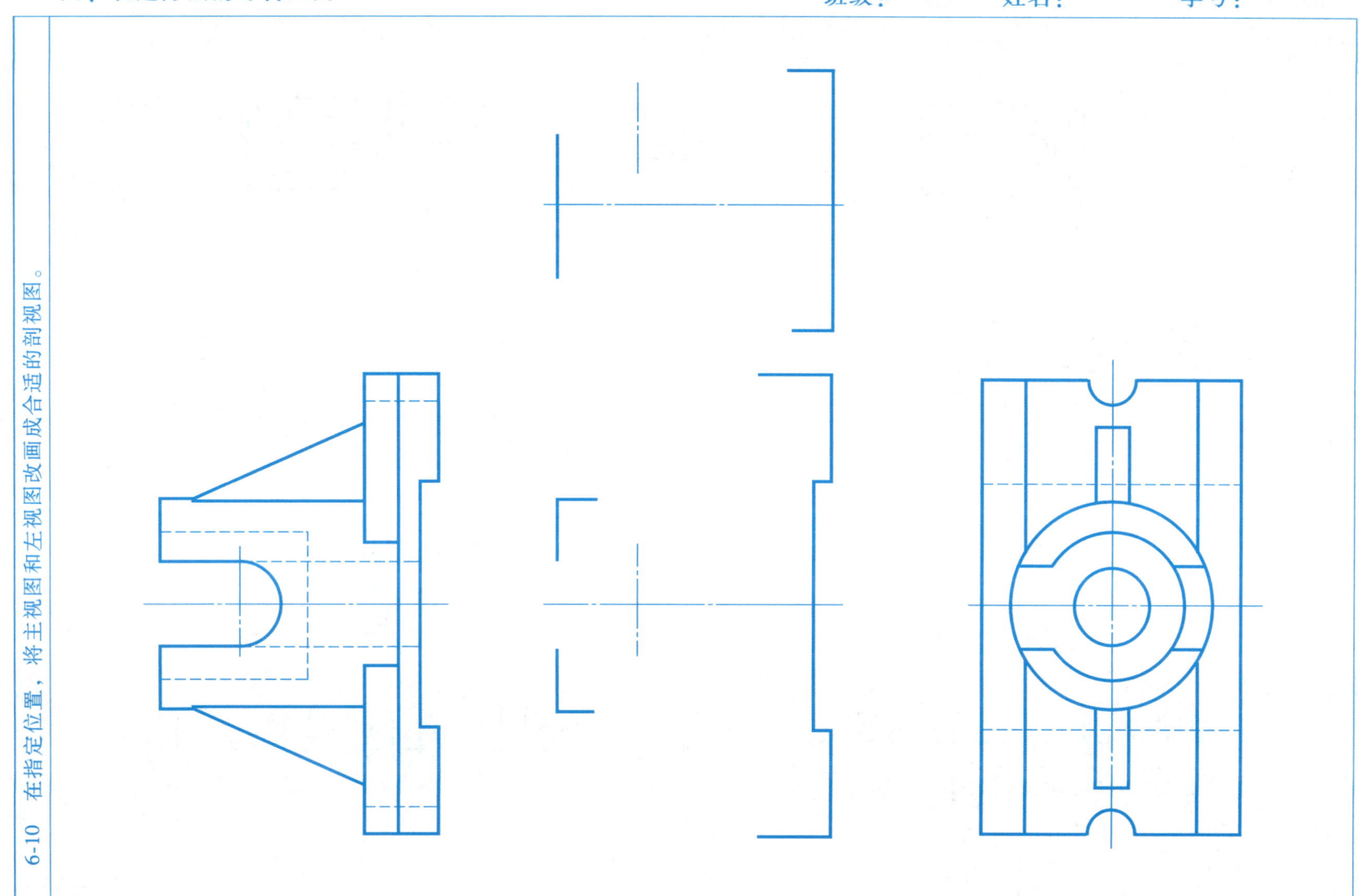

6-10 在指定位置，将主视图和左视图改画成合适的剖视图。

6-11 在右侧将左侧机件的各视图改画成合适的剖视图。

(1)

(2)

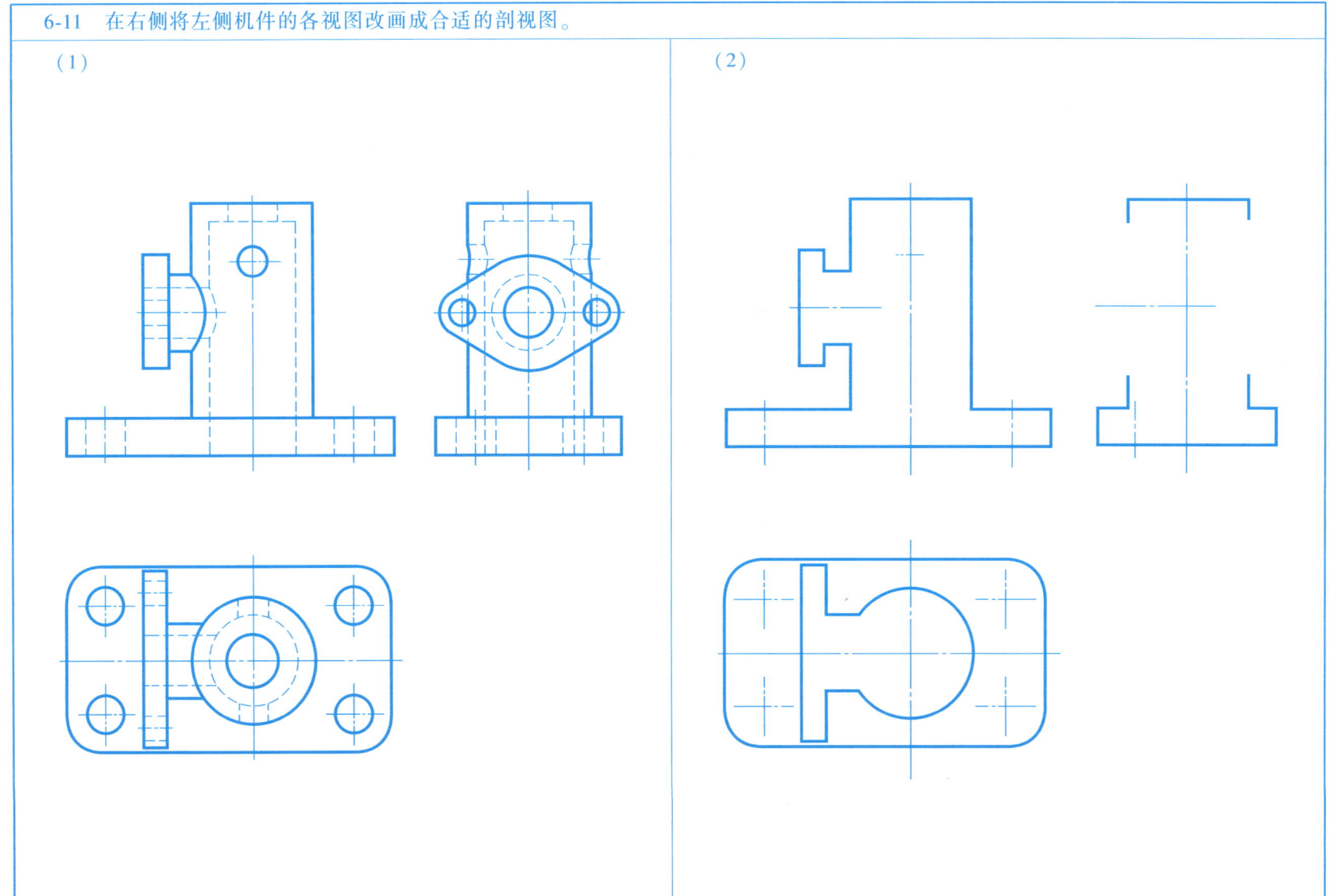

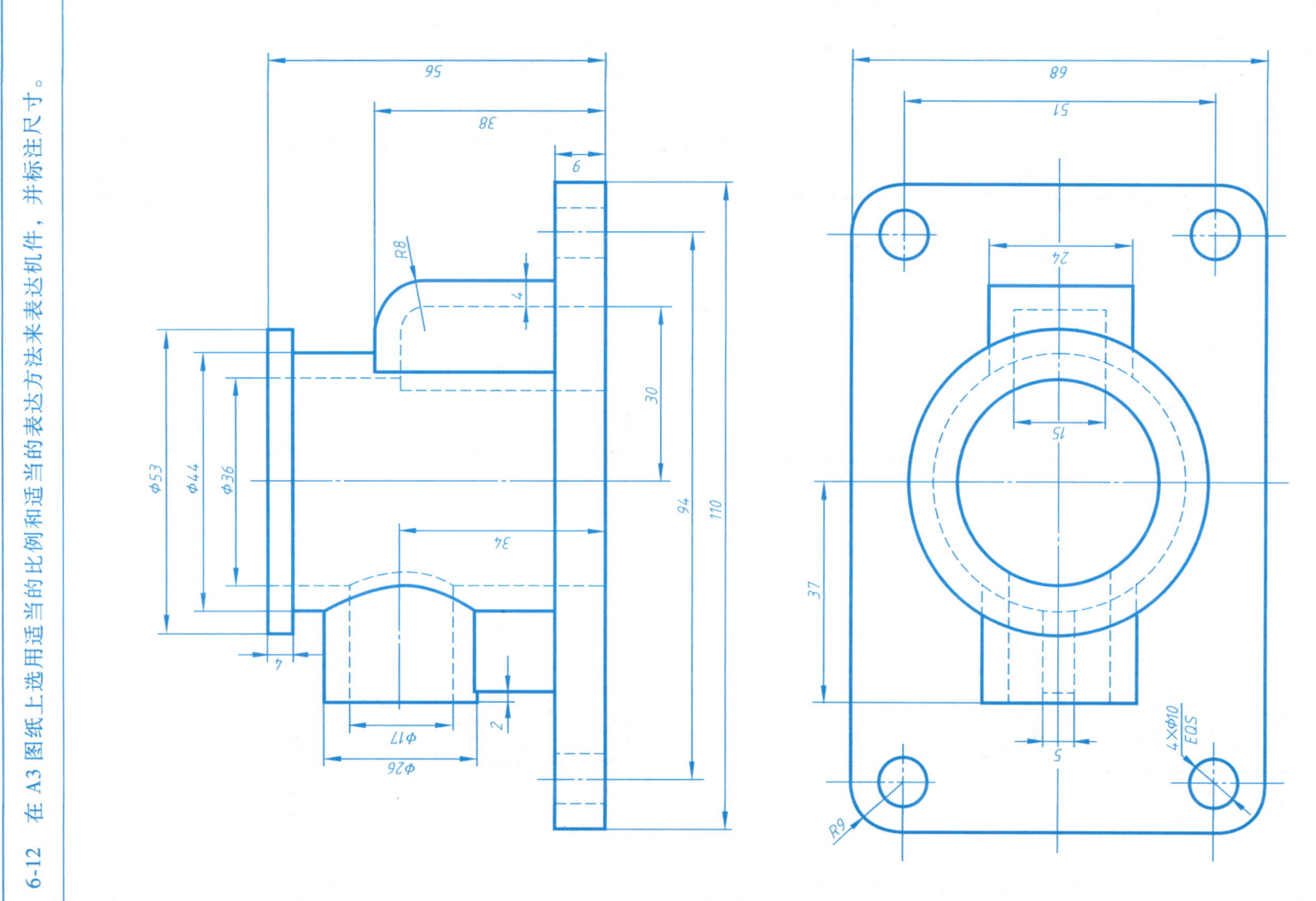

6-13 根据机件的立体图,选择适当的表达方法,在 A3 图纸上画出机件的视图并标注尺寸。

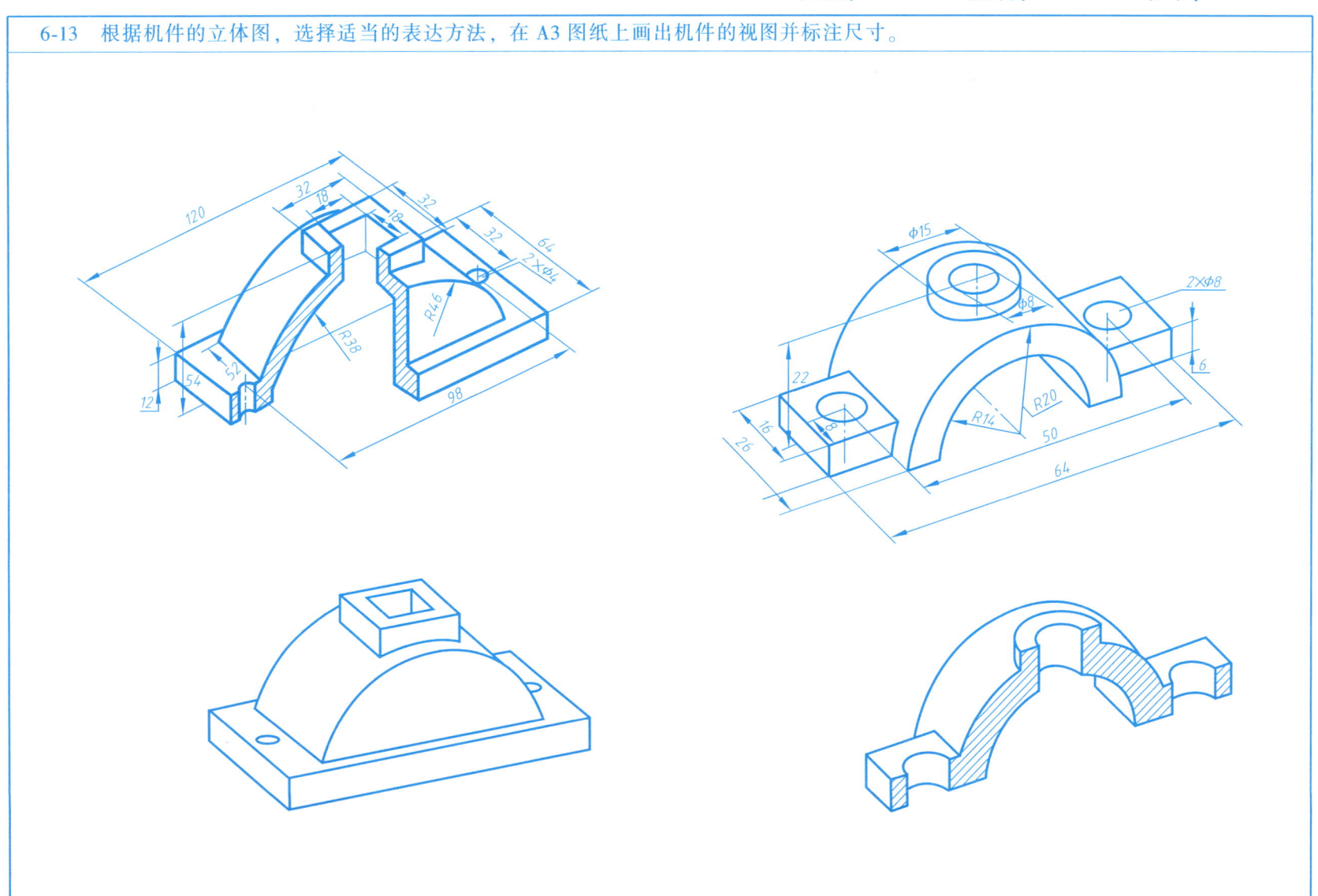

第七章 标准件与常用件

一、螺纹与螺纹紧固件   班级：   姓名：   学号：

7-1 分析螺纹画法中的错误，在指定位置画出正确的视图。

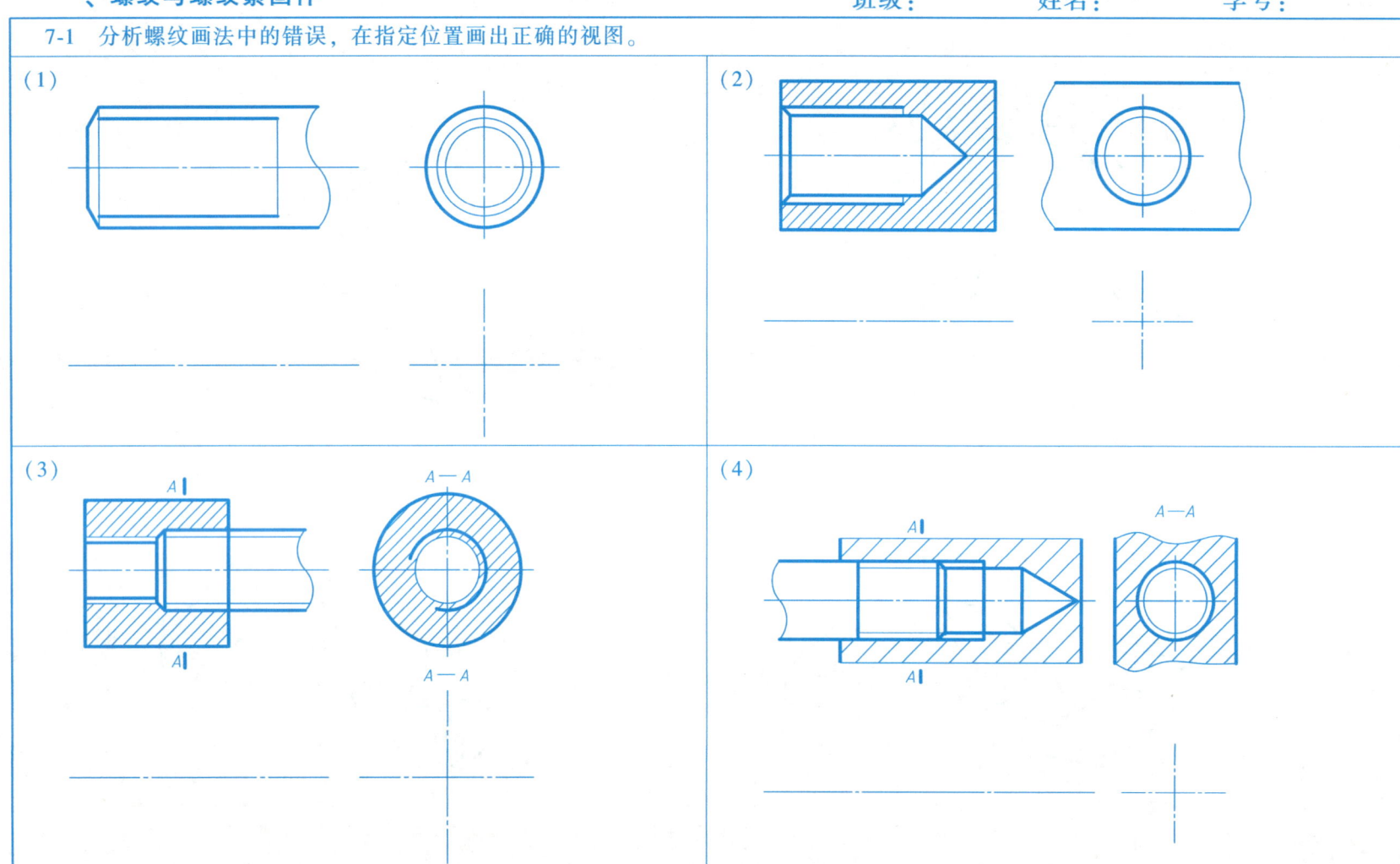

7-2 按照题目已知条件在图中标注螺纹的代号。

(1) 粗牙普通螺纹，大径 20mm，螺距 2.5mm，单线右旋，中径和顶径公差带代号为 5g、6g，中等旋合长度。

(2) 细牙普通螺纹，大径 16mm，螺距 1.5mm，左旋，中径和顶径公差带代号均为 7H、旋合长度为 N。

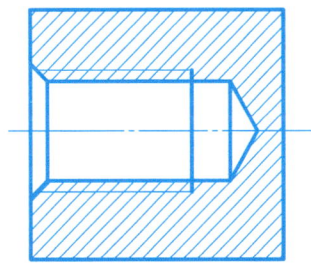

(3) 55°非密封管螺纹，尺寸代号为 3/4，A 级，右旋。

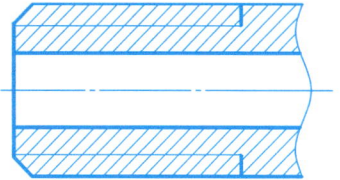

(4) 梯形螺纹，大径 24mm，导程为 10，螺距为 5，中径的公差带代号为 7e，左旋。

(5) 55°密封管螺纹圆锥内螺纹，尺寸代号为 1/2，左旋。

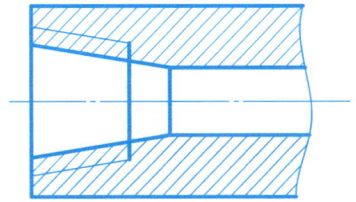

(6) 55°密封管螺纹，尺寸代号为 3/4，右旋。

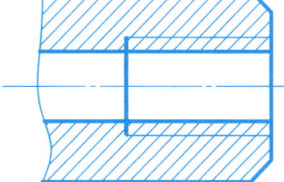

7-3　根据已知条件在图上标注螺纹紧固件的尺寸，并写出规定标记。

（1）六角头螺栓（参考标准 GB/T 5780—2016）M16×70

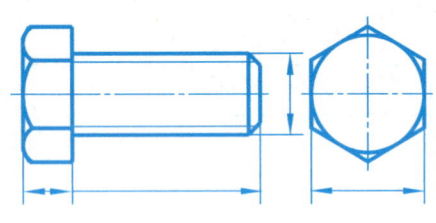

标记：_____

（2）六角螺母（参考标准 GB/T 6170—2015）M10

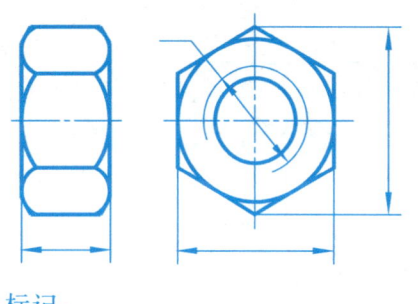

标记：_____

（3）双头螺柱（参考标准 GB/T 897—1988）M20

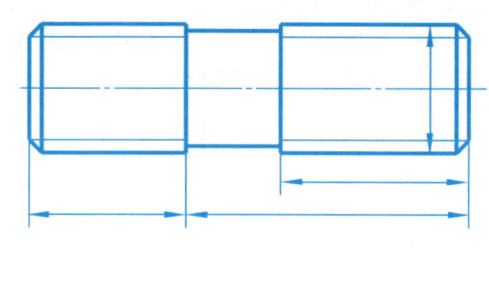

标记：_____

（4）平垫圈（参考标准 GB/T 97.1—2002），公称尺寸 $d=12$

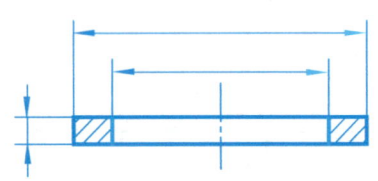

标记：_____

（5）开槽圆柱头螺钉（参考标准 GB/T 65—2016）M6×50

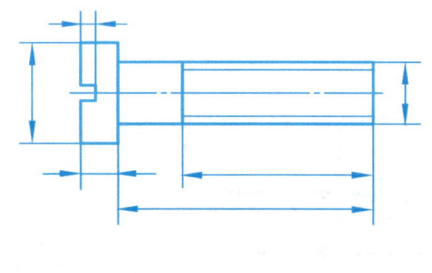

标记：_____

（6）开槽沉头螺钉（参考标准 GB/T 68—2016）M6×40

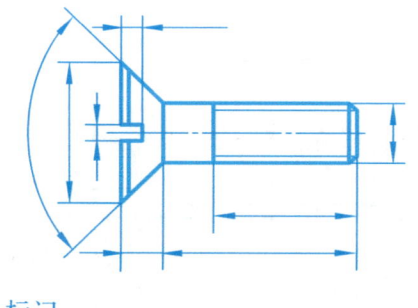

标记：_____

7-4 指出下列螺纹连接画法中的错误，将正确的画在指定位置。

(1) 螺栓联接

(2) 螺柱联接

(3) 螺钉联接

(4) 紧定螺钉联接

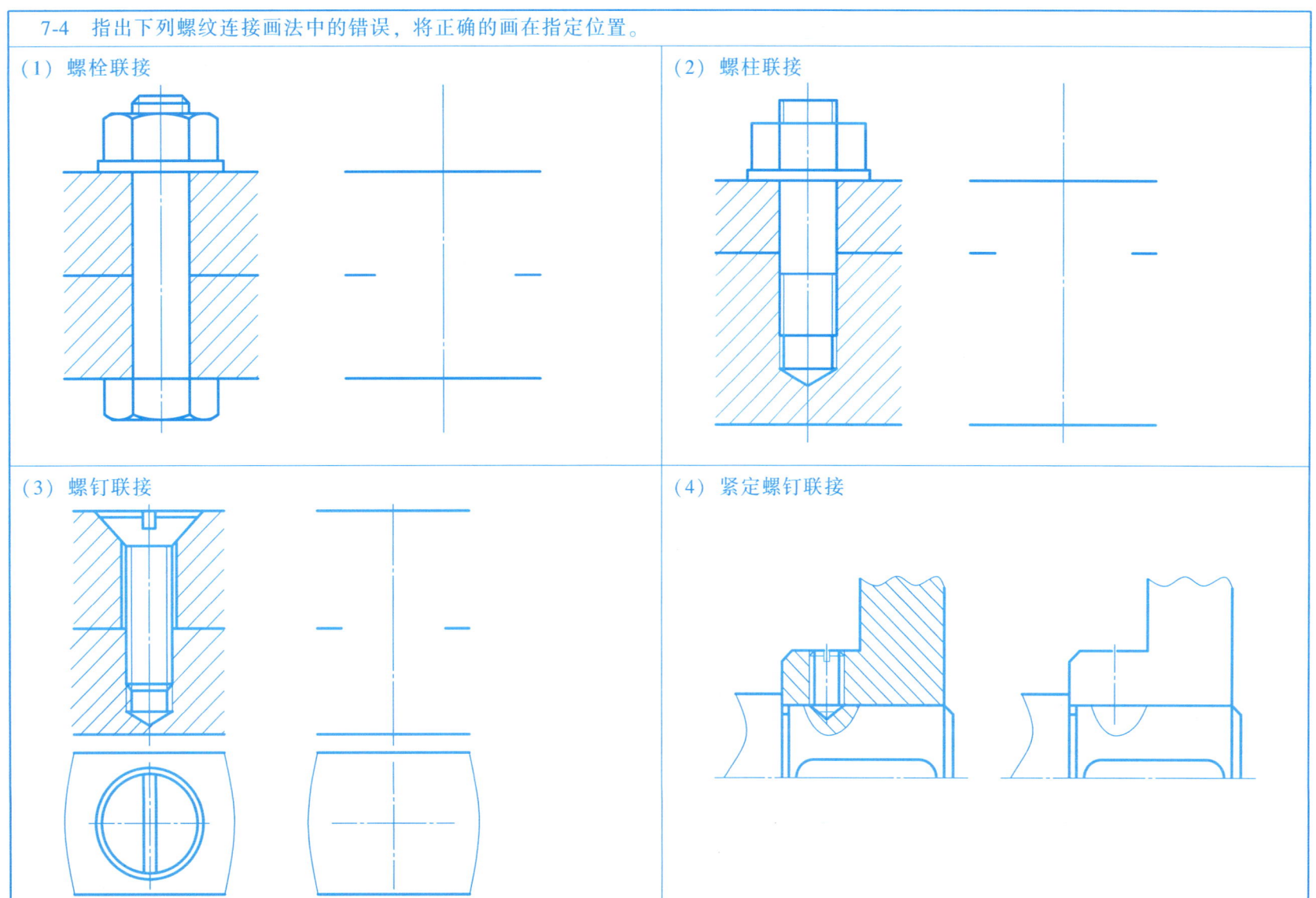

二、键连接和销连接

班级：　　　　姓名：　　　　学号：

7-5 已知轴和齿轮用 A 型普通平键（GB/T 1096 键 12×8×40）连接，补画键连接的装配图。

（1）轴和齿轮的视图

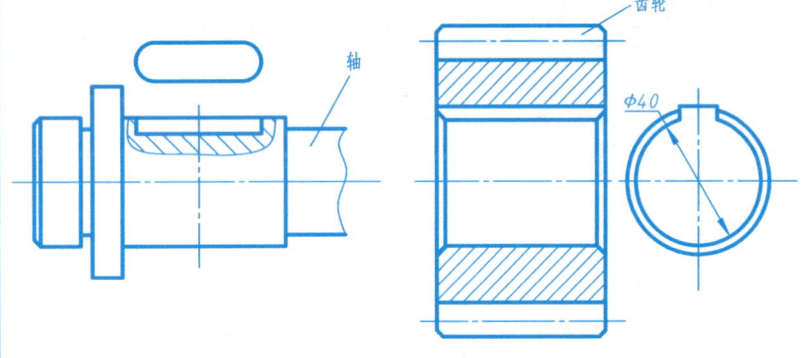

（2）画键联接图

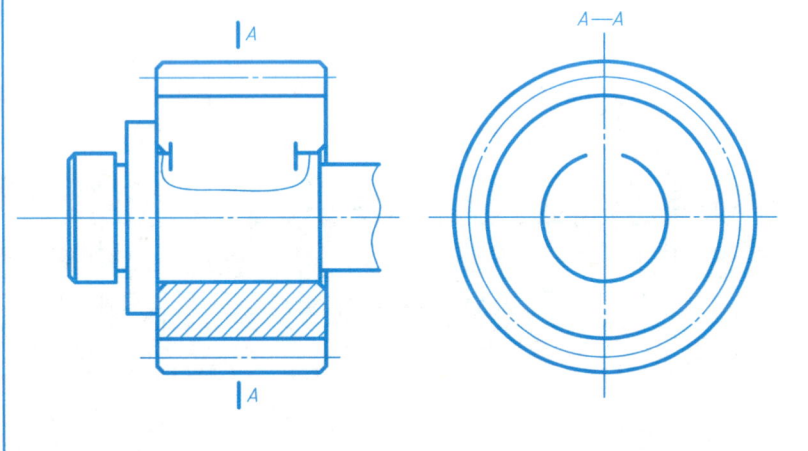

7-6 轴和齿轮用圆柱销（销 GB/T 119.1 5m6×30）连接，补画销联接的装配图。

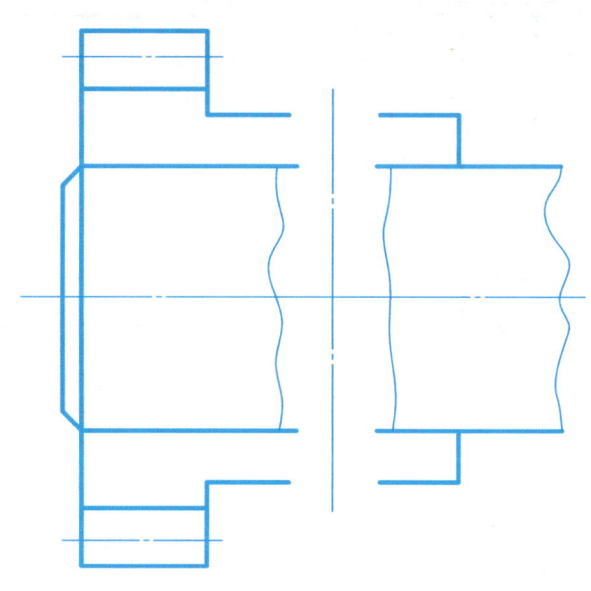

三、齿轮

7-7 已知直齿圆柱齿轮的模数 $m=5$mm，齿数 $z=30$，试确定齿顶圆、分度圆、齿根圆直径，按 1:2 的比例补画以下两视图，并标注尺寸。

$d=$

$d_a=$

$d_f=$

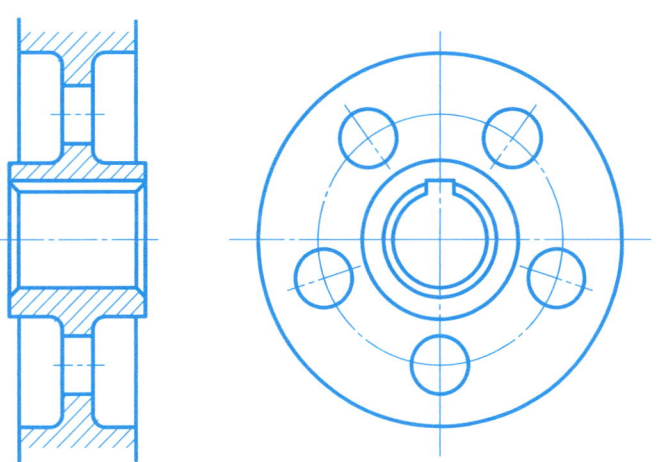

7-8 已知小齿轮的模数 $m=4$mm，中心距 $a=96$mm，大齿轮齿数 $z_2=30$，试计算小齿轮的齿数及其他相关尺寸，并按 1:2 的比例补画两直齿圆柱齿轮的啮合视图。

$z_1=$ $d_1=$ $d_2=$ $d_{a1}=$ $d_{a2}=$ $d_{f1}=$ $d_{f2}=$

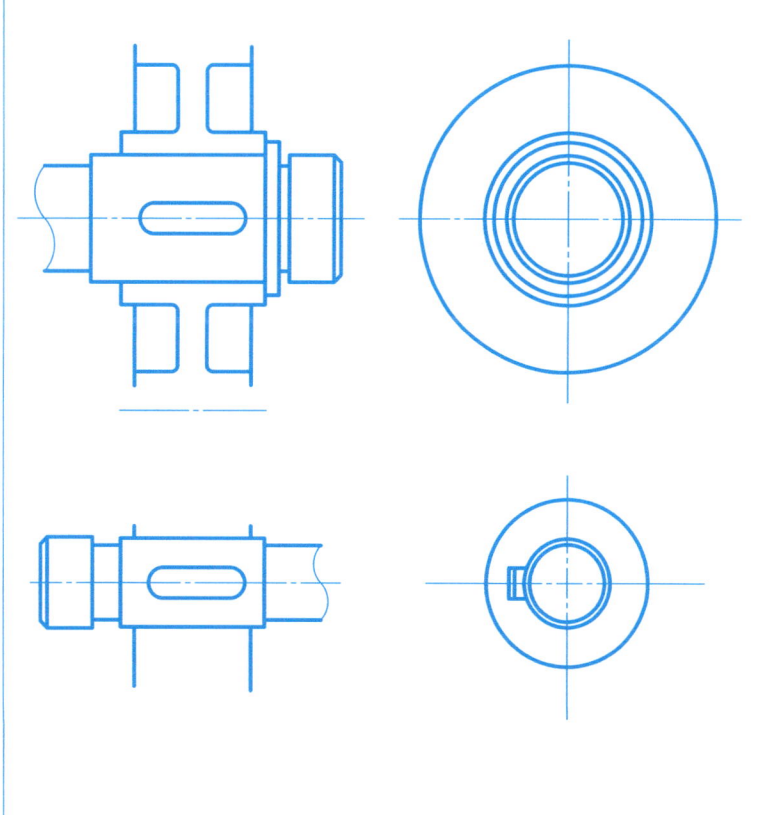

四、滚动轴承和弹簧

7-9 已知深沟球轴承 6206，GB/T 276—2013，查表确定有关尺寸，并按 1∶1 比例按规定画法画出另一半视图。

7-10 已知圆柱螺旋弹簧丝的直径 $d=5$mm，弹簧外径 $D_2=40$mm，节距 $t=10$mm，自由高度为 90mm，有效圈数为 8，右旋。用 1∶1 的比例画出弹簧的全剖视图。

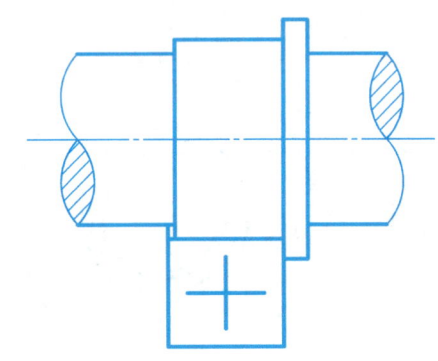

第八章 零件图

一、零件表达方案的选择

班级：　　　　姓名：　　　　学号：

8-1 根据轴的立体图选择合适的表达方案，绘制其零件工作图，键槽尺寸查表确定，可不注公差。

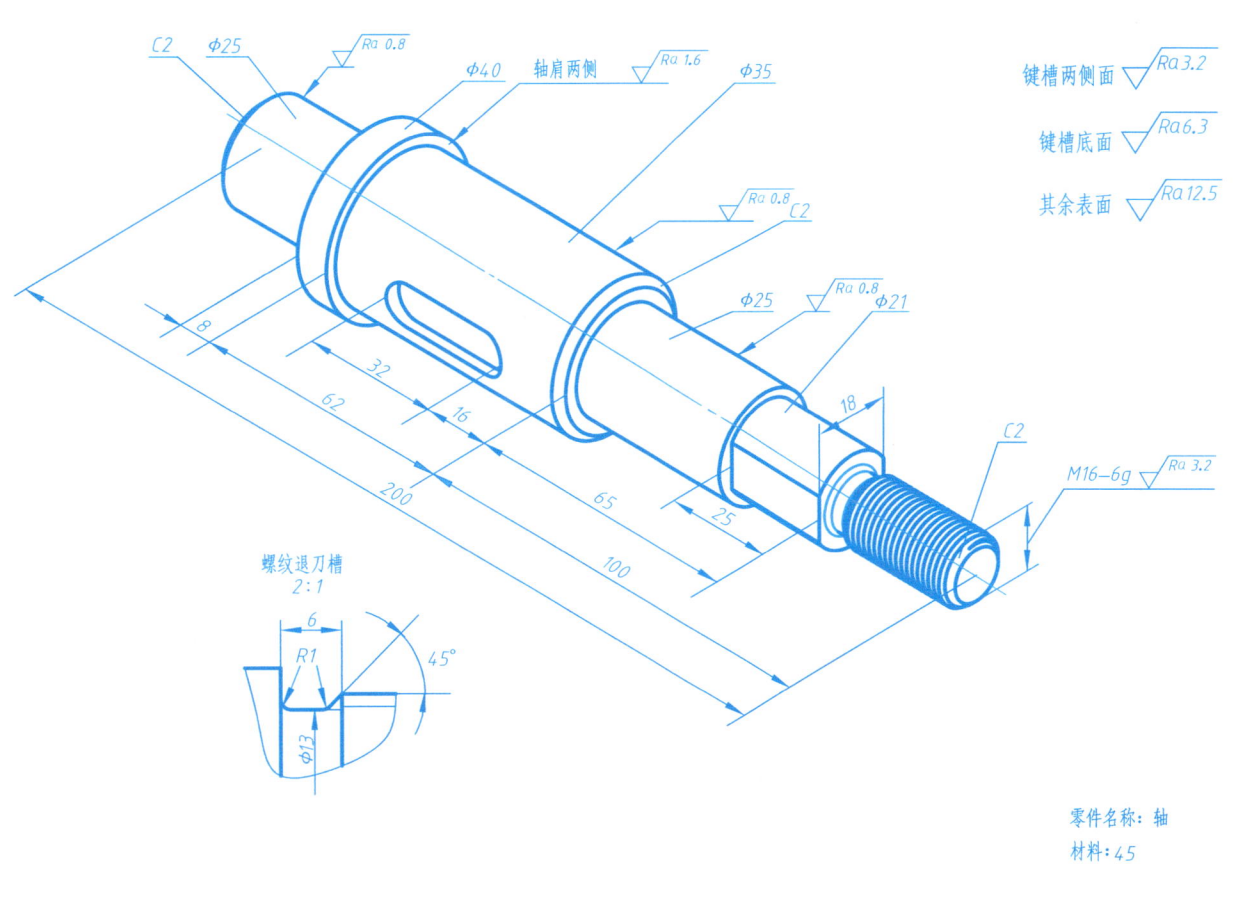

二、零件的技术要求

8-2 在零件表面上标注表面结构要求（表面均是加工面）。

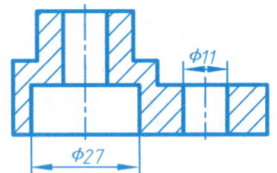

表面	Ra/μm
顶面	25
φ11 孔	3.2
底面	1.6
φ27 孔	3.2
其余	50

8-3 由公差带图完成下列问题。

（1）该配合是_____制_____配合，该配合的最大间隙是_____。

（2）φ22f6 的上极限偏差是_____，下极限偏差是_____，基本偏差代号是_____，标准公差等级是_____，上极限尺寸是_____，下极限尺寸是_____。

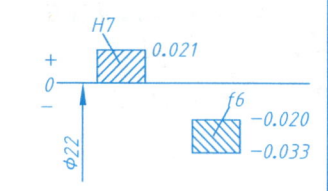

（3）在下列图中分别将配合尺寸及轴、孔的尺寸与公差注出。

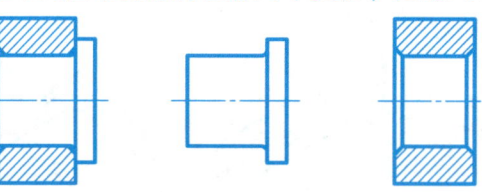

8-4 修改零件图中错误的表面结构要求标注（表面均是加工面）。

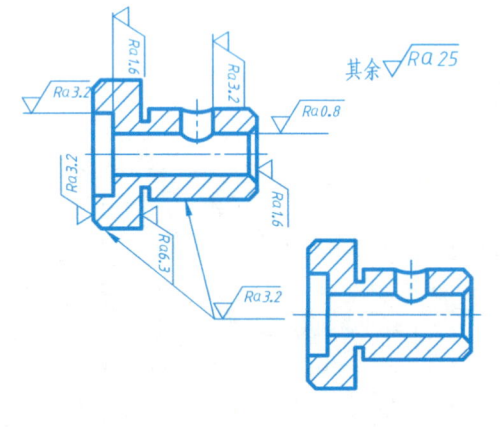

8-5 根据图（1）给出的配合尺寸，在图（2）、（3）、（4）中注出公称尺寸和公差带代号，并回答下列问题。

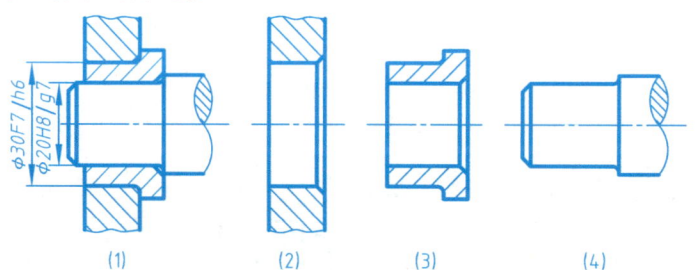

φ30F7/h6 表示_____制，孔的基本偏差代号为_____，公差等级为_____。

φ20H8/g7 表示_____制，孔的基本偏差代号为_____，公差等级为_____。

三、读零件图　　　　　　　　　　　　　　　　　班级：　　　　姓名：　　　　学号：

8-6　读零件图，完成读图要求（一）。

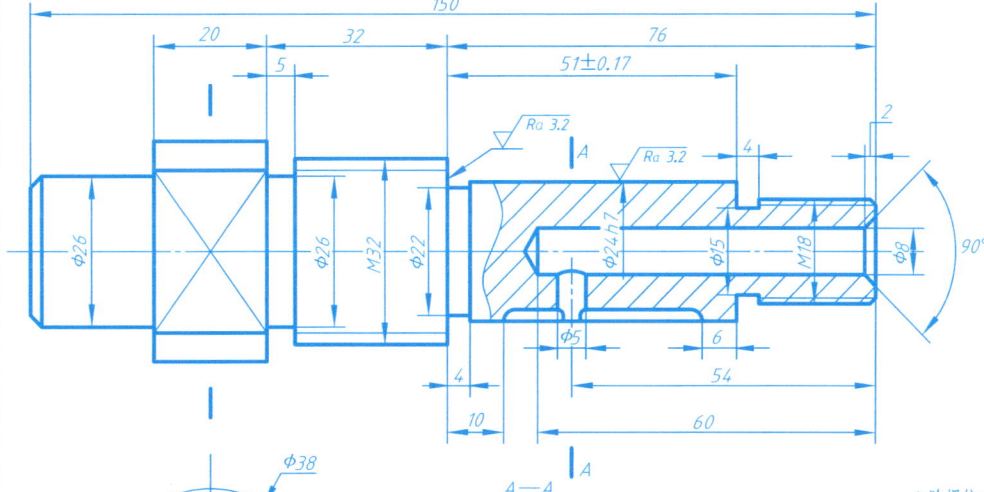

读图要求

（1）靠左侧的两条相交细实线是什么符号？
　　　试按图中断面位置作出断面图，并标注尺寸。
（2）将技术要求第 3 条所给几何公差标注在图上。
（3）在图中标出 φ24h7 的极限偏差数值。

技术要求
1. 除螺纹表面外，其他表面硬度均为45～50HRC。
2. 表面处理：发蓝。
3. φ24h7的轴线对M18的轴线的同轴度公差为φ0.04。

轴	比例	1:1		
	数量	1		
制图			重量		材料	45
描图						
审核						

8-7 读零件图，完成读图要求（二）。

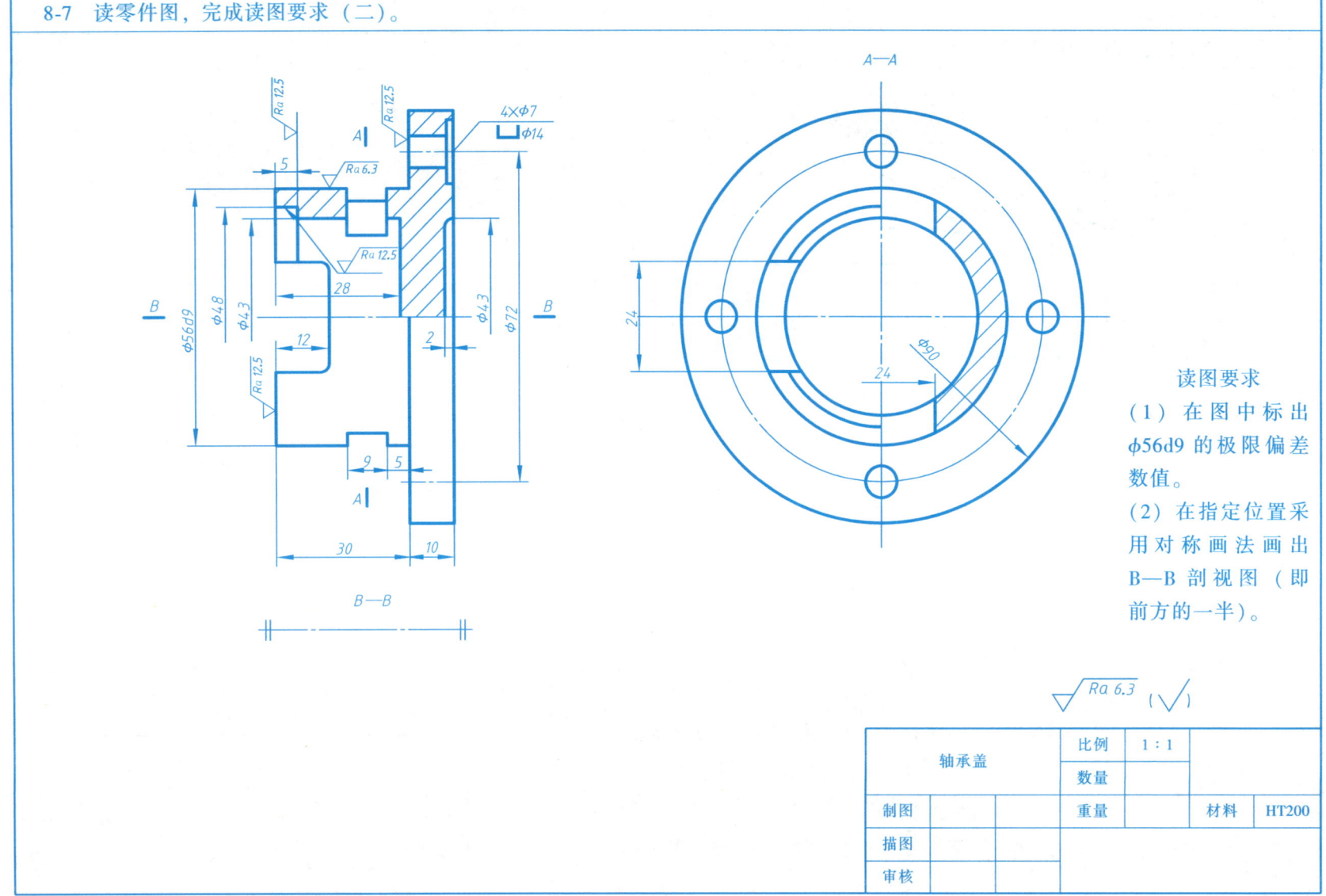

读图要求
（1）在图中标出 ϕ56d9 的极限偏差数值。
（2）在指定位置采用对称画法画出 B—B 剖视图（即前方的一半）。

8-8 读零件图，完成读图要求（三）。

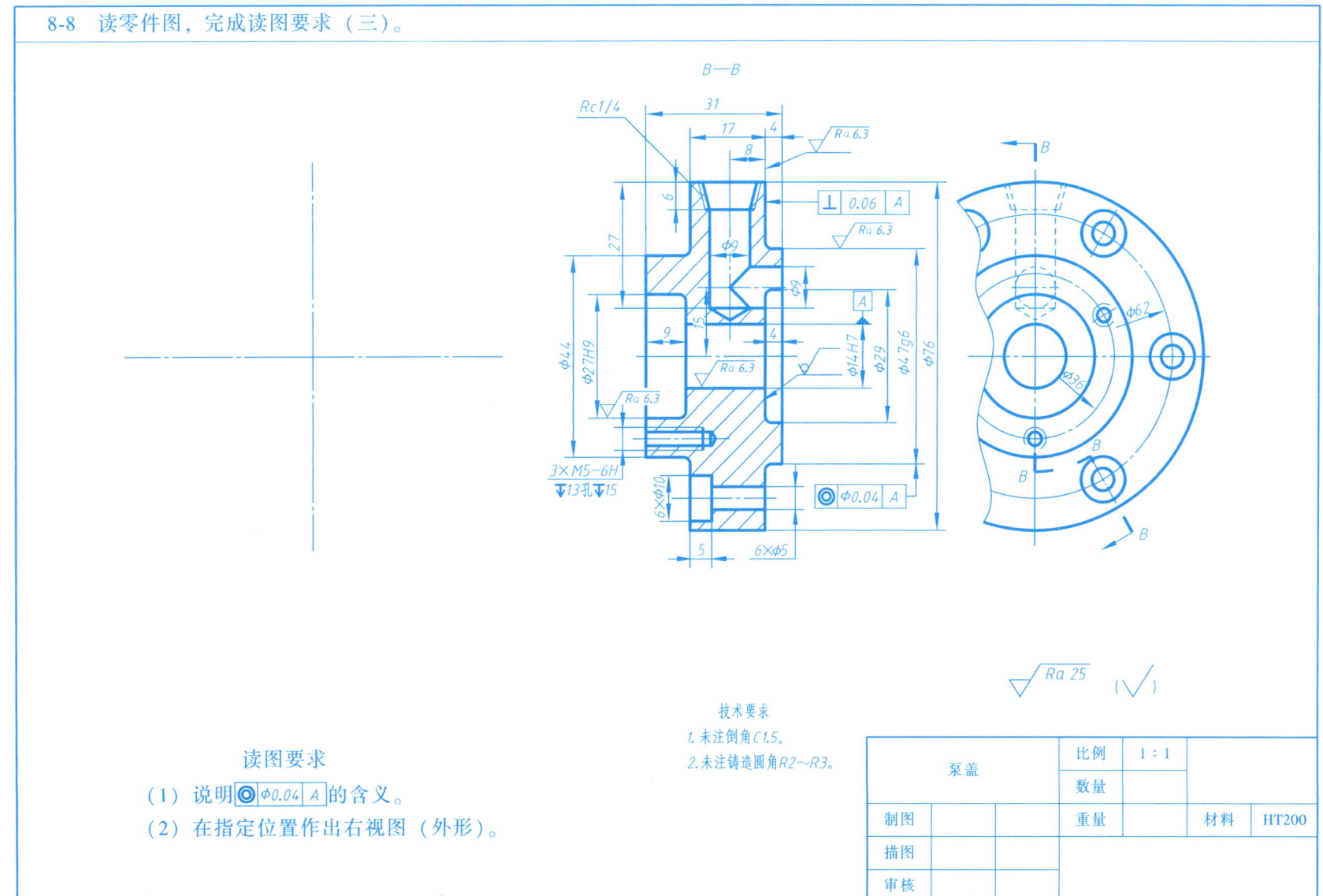

技术要求
1. 未注倒角C1.5。
2. 未注铸造圆角R2~R3。

读图要求
(1) 说明 ⊚ φ0.04 A 的含义。
(2) 在指定位置作出右视图（外形）。

泵盖		比例	1:1		
		数量			
制图		重量		材料	HT200
描图					
审核					

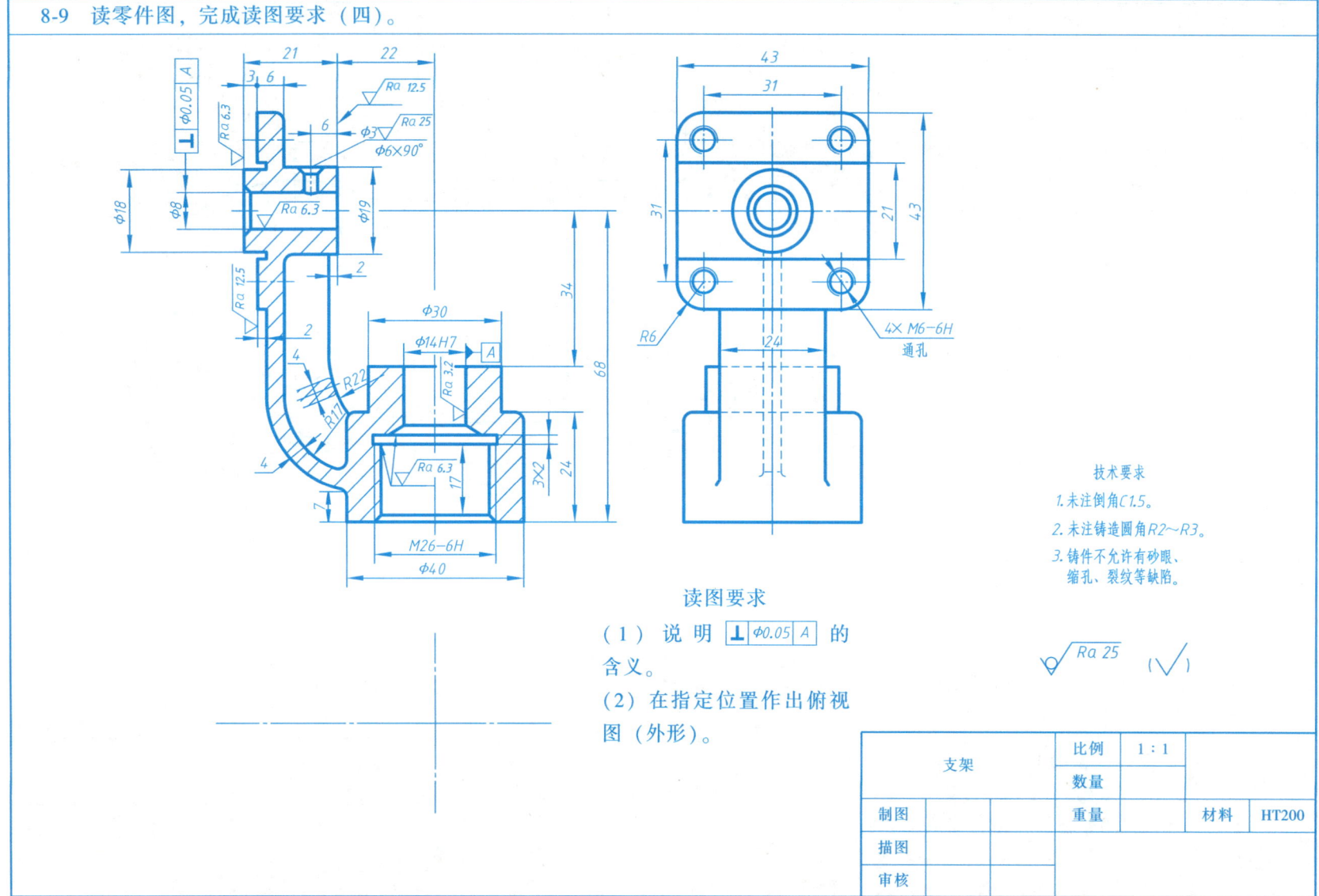

8-10 读零件图，完成读图要求（五）。

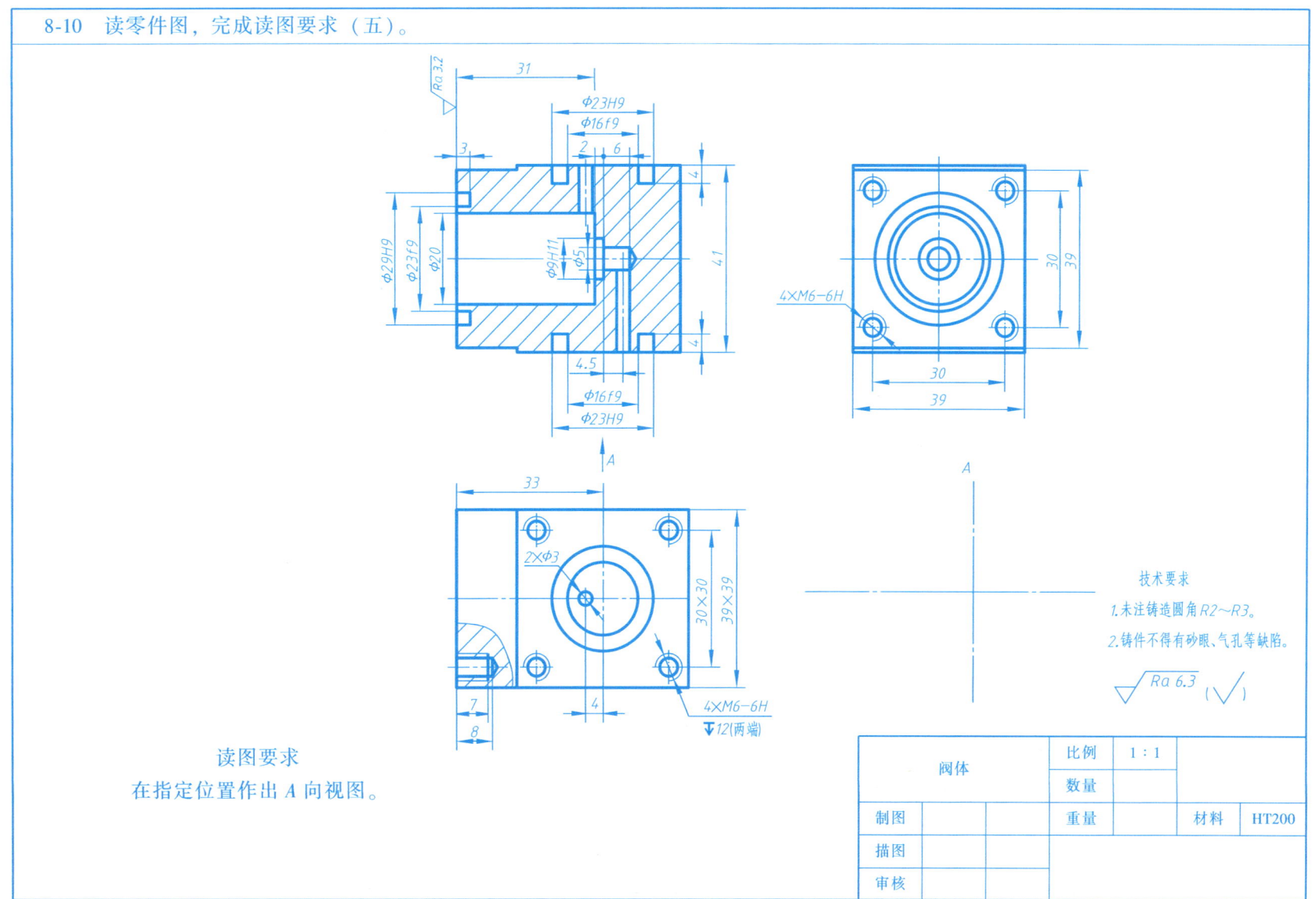

读图要求
在指定位置作出 A 向视图。

技术要求
1. 未注铸造圆角 R2~R3。
2. 铸件不得有砂眼、气孔等缺陷。

阀体 比例 1:1 材料 HT200

第九章 装配图

一、画装配图

班级：　　　　姓名：　　　　学号：

9-1 绘制千斤顶装配图。

（1）作业内容和要求

根据千斤顶轴测图和工作原理简介，以及给定的一套千斤顶零件图，画出千斤顶的装配图。

（2）千斤顶的工作原理简介

千斤顶利用螺旋传动来顶举重物，是汽车修理和机械安装等场合常用的一种起重或顶压工具，但顶举的高度不能太大。工作时，绞杠穿在螺旋杆顶部的孔中，旋转绞杠，螺旋杆在螺套中靠螺纹作上、下移动，顶垫上的重物靠螺旋杆的上升而顶起。螺套镶在底座里，并用螺钉定位，磨损后便于更换修配。螺旋杆的球面形顶部，套一个顶垫，靠螺钉与螺旋杆联接而不固定，防止顶垫随螺旋杆一起旋转而且不脱落。

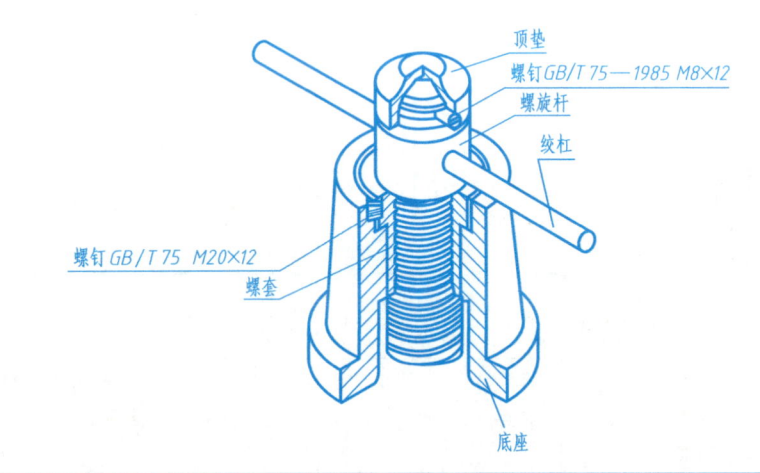

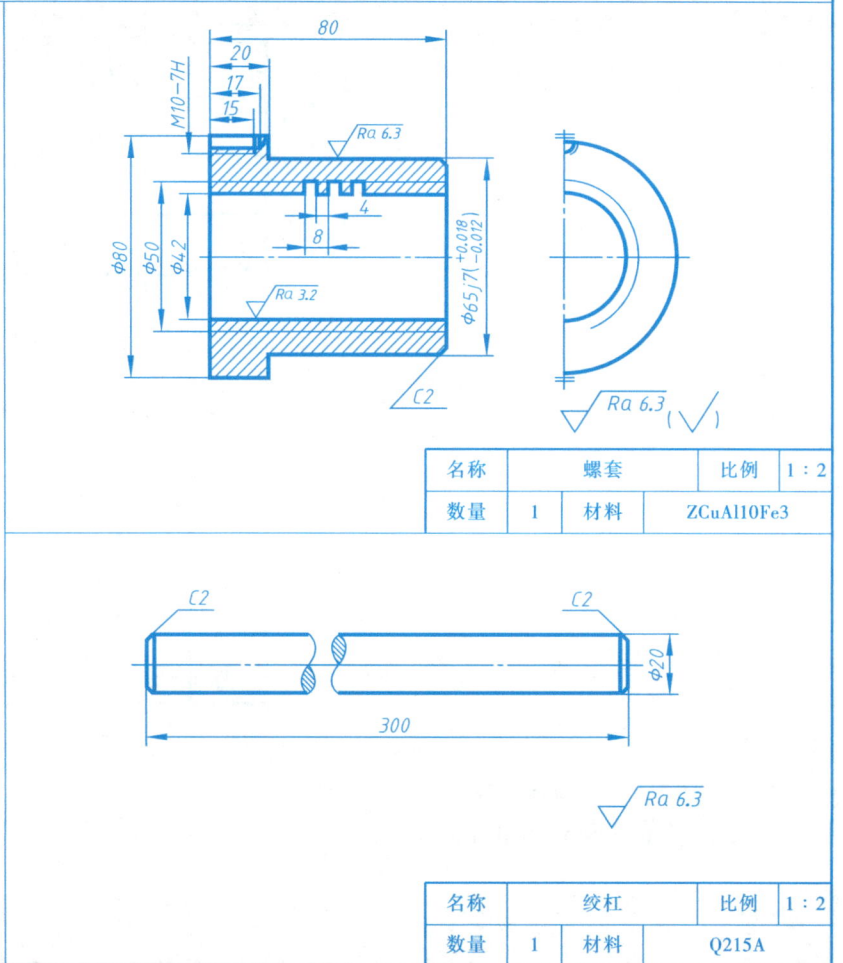

9-1 绘制千斤顶装配图（续）。

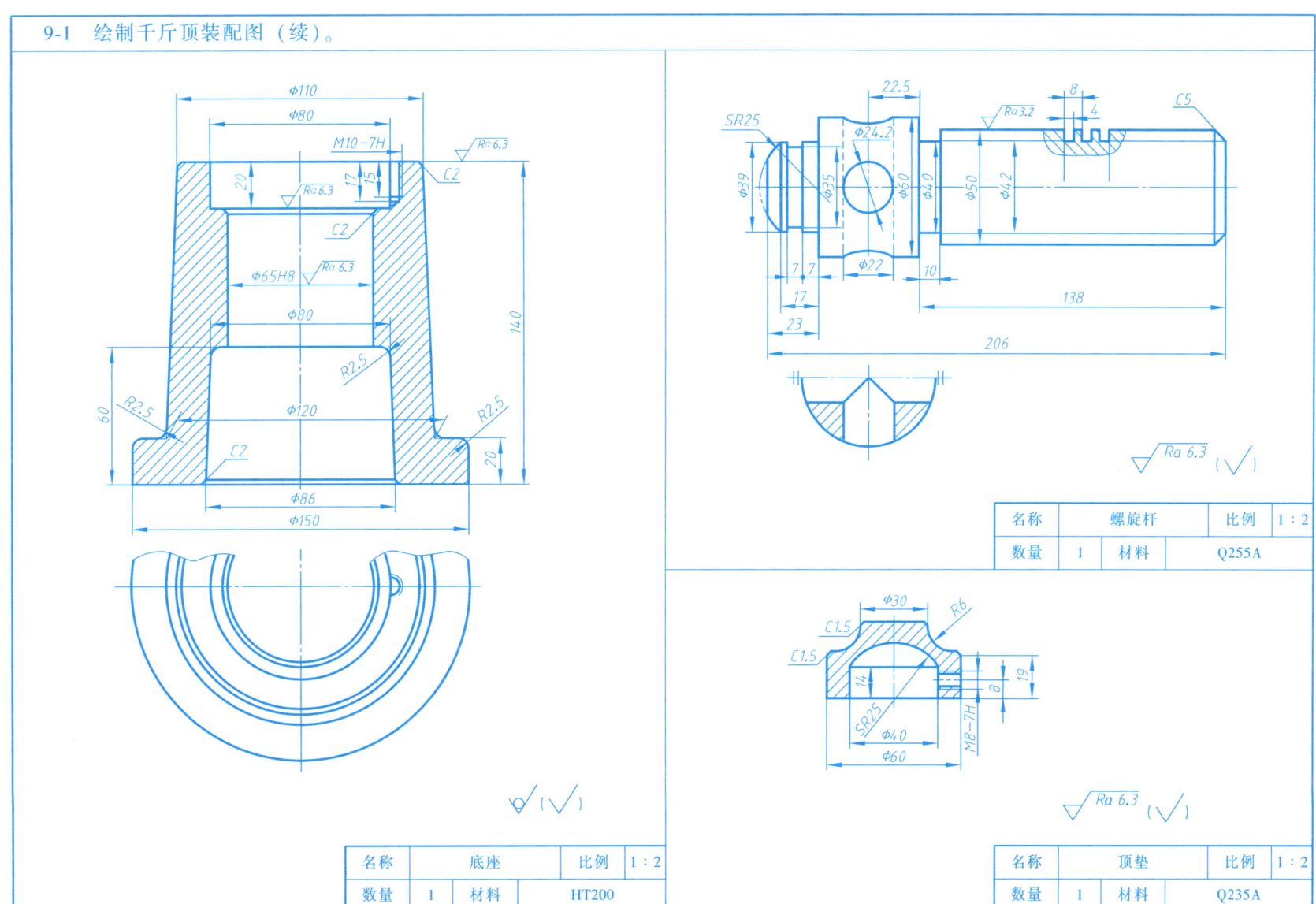

二、读装配图

9-2 看懂带颈视镜装配图，并回答问题。

(1) 视镜由_____种_____个零件组装而成，件2和件3采用_____连接，件3和件5采用_____连接。

(2) 件4是用_____材料做成的。

(3) 表达带颈视镜用了_____个视图，分别是采用_____视图，_____视图。

(4) 图中双点画线表示_____件，属于部件特殊表达方法中的_____画法。

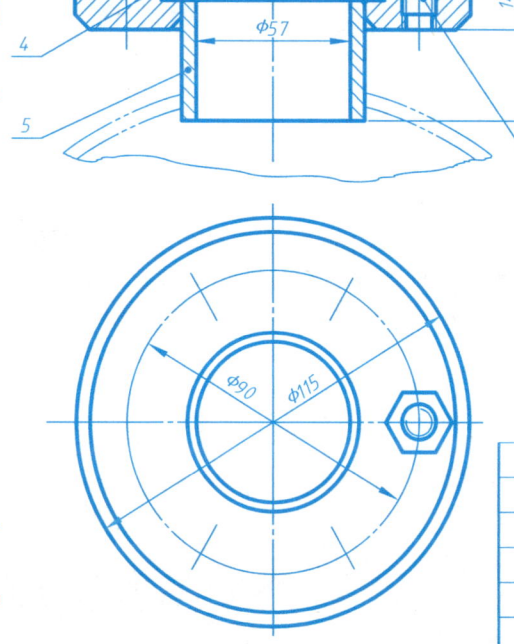

说明：
1. 标题栏中的 PN6 表示公称压力为 0.6MPa，DN50 表示法兰孔径为 φ50。
2. 视图的主要用途是用以观察密闭压力容器中介质的工作情况。

7	双头螺柱	6	Q235A	GB/T 899 M8×30
6	螺母	6	Q235A	GB/T 6170 M8
5	接管	1	无缝钢管	
4	视镜玻璃	1	硼硅玻璃	
3	接缘	1	Q235A	
2	压紧环	1	Q235A	
1	衬垫	2	石棉橡胶板	
序号	名称	数量	材料	备注
带颈视镜（PN6、DN50）			数量	比例
制图		日期		
审核		日期		

班级：　　　　姓名：　　　　学号：

9-3 看懂管钳装配图，并回答问题。

（1）主视图采用了_____剖视，用以表达_____的连接关系，俯视图和左视图采用了_____剖视，左视图还采用了_____画法。

（2）局部放大图主要表达矩形螺纹的_____。

（3）件2和件6是用_____连接，件3和件4采用_____连接。

（4）当螺杆2转动时，滑块6作_____运动，滑块的工作行程（升降范围）是_____mm。

（5）管钳中件_____和件_____上有螺纹，是_____螺纹。

（6）管钳的总体尺寸是_____。

（7）安装尺寸为_____。

（8）①、②分别是_____号件和_____号件的投影。

A—A

方牙24×4

2:1

6	滑块	1	Q275A	
5	圆柱销 4×45	2	30	GB/T 119.1
4	手柄杆	1	Q235A	
3	套圈	1	Q235A	
2	螺杆	1	HT200	
1	钳座	1	HT200	
序号	名称	数量	材料	备注

管钳	数量	比例	图号

制图		日期	
审核		日期	

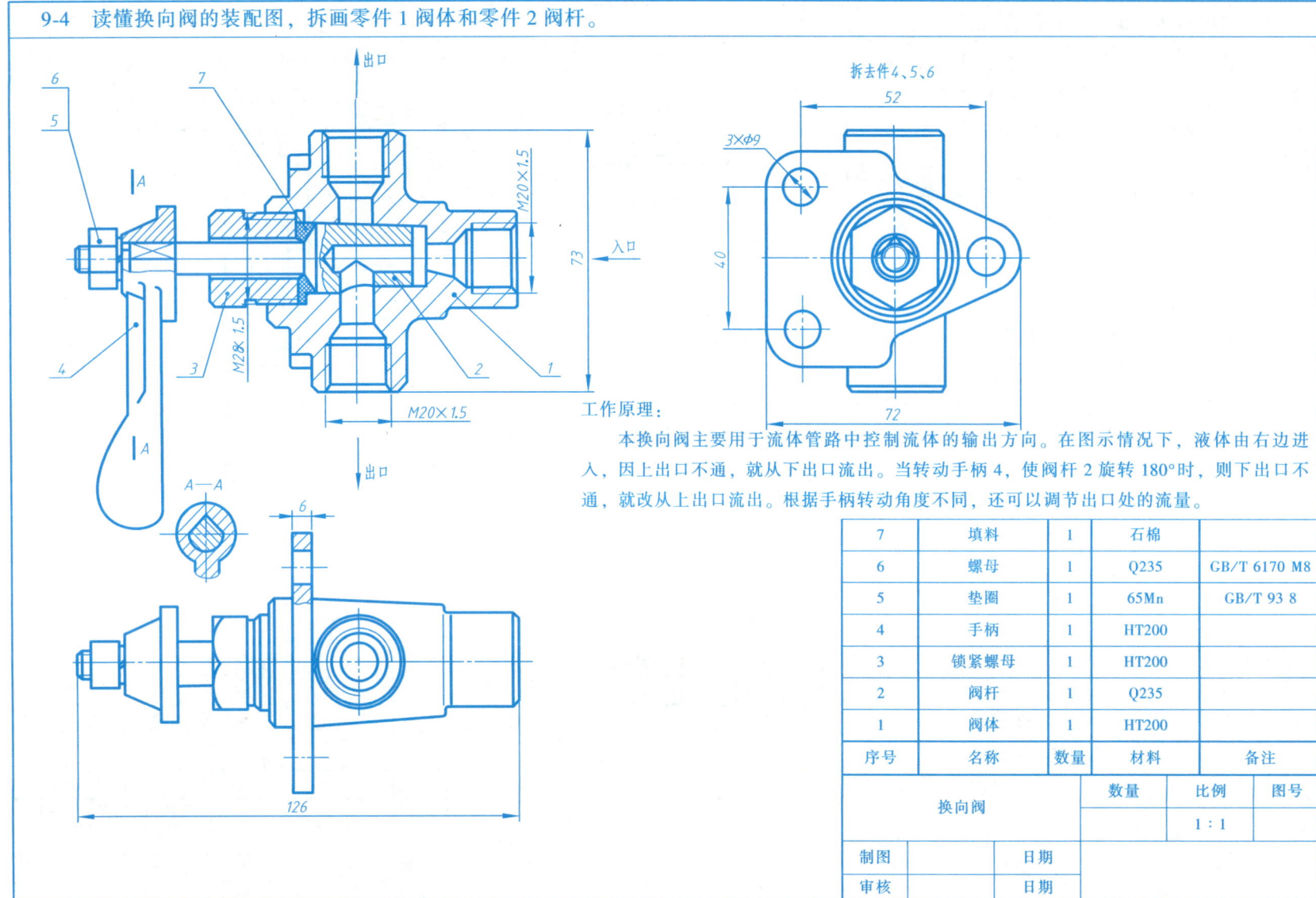

第十章　AutoCAD 计算机绘图基础

一、使用 AutoCAD 绘制平面图形　　　　　班级：　　　姓名：　　　学号：

10-1　绘制平面图形。

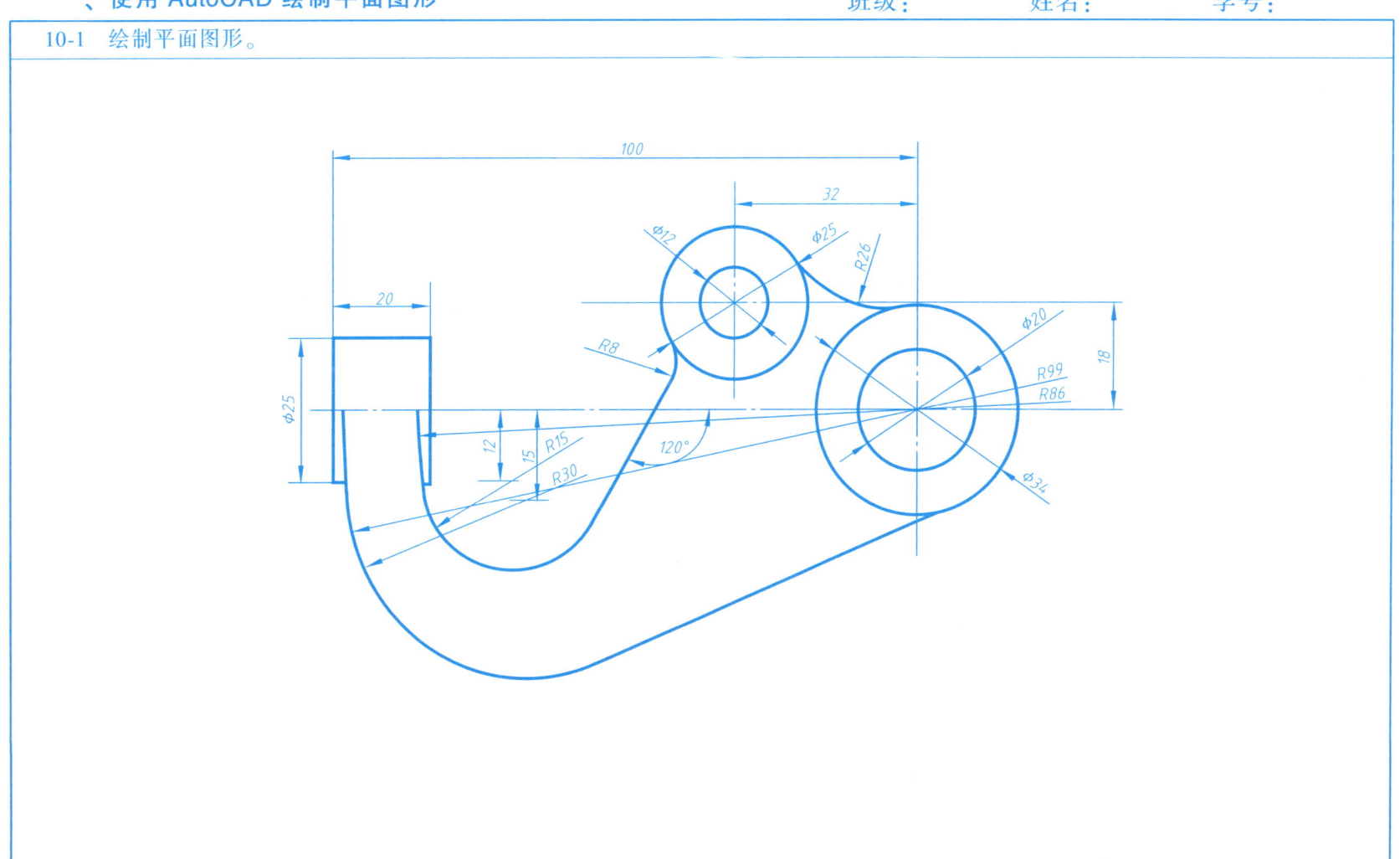

二、使用 AutoCAD 绘制视图与剖视图

10-2 绘制机件剖视图。

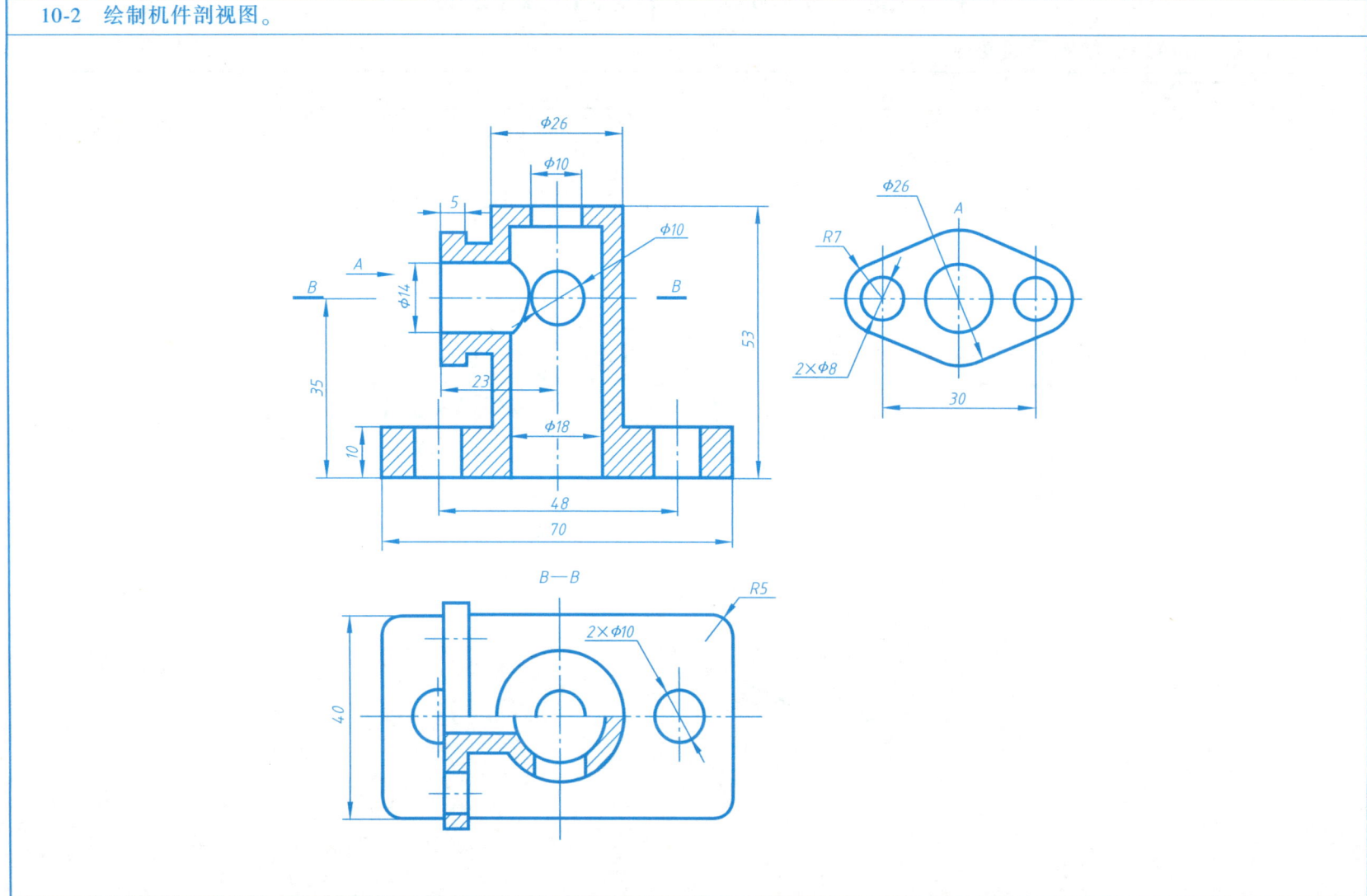

三、使用 AutoCAD 绘制零件图   班级：   姓名：   学号：

10-3 绘制支架零件图。

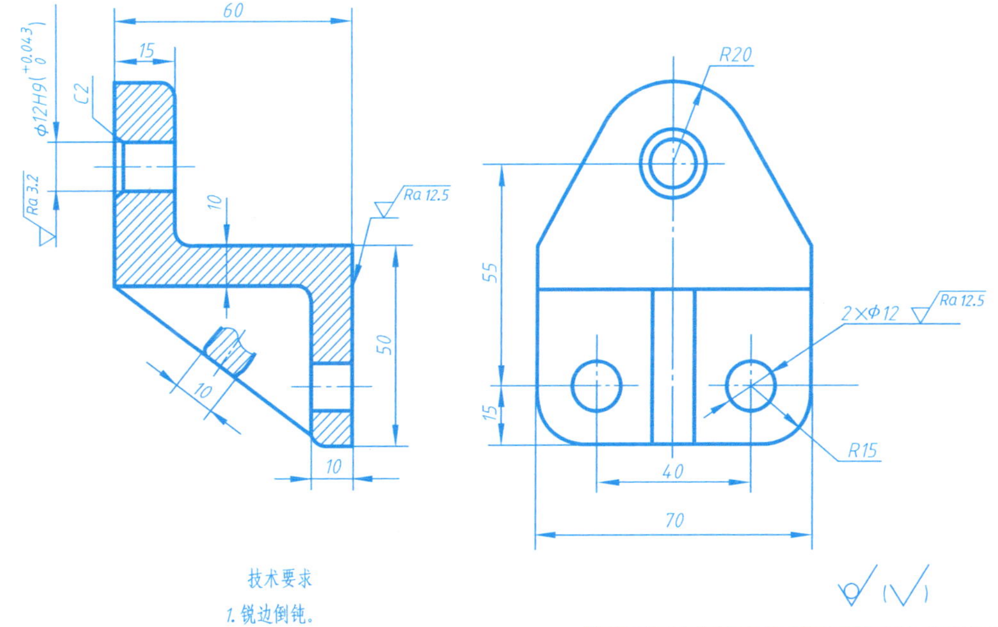

模拟试卷一

题号	一	二	三	四	五	六	七	八	九	十	总分
得分											
阅卷人											

一、直线与平面的作图（共 24 分）

1. 过点 *M* 作正平线 *MN* 与直线 *AB* 和直线 *CD* 相交。(12 分)

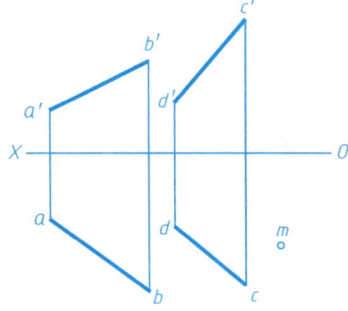

2. 试完成五边形 *ABCDE* 的正面投影。(12 分)

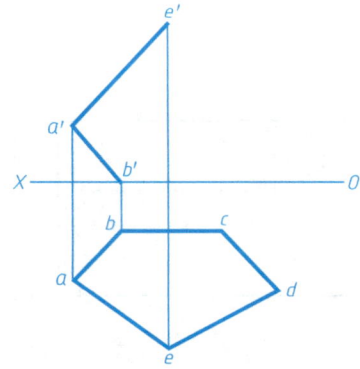

二、画出该切割体的俯视图。(8 分)

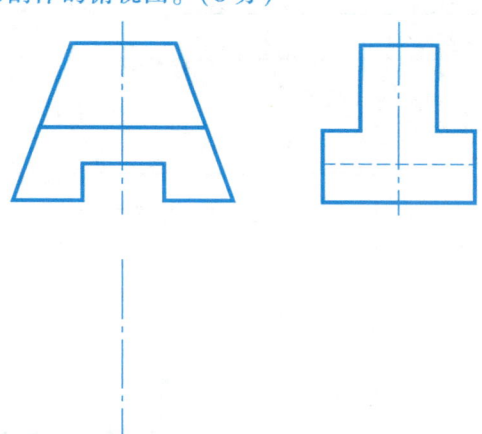

三、求圆柱被截切后的正面投影。(8 分)

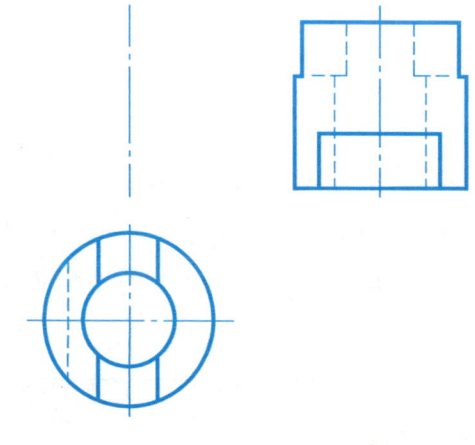

四、根据组合体的主视图和俯视图，完成组合体的左视图，并在视图上标注尺寸。(尺寸数值直接从图中量取并取整)。(14分)

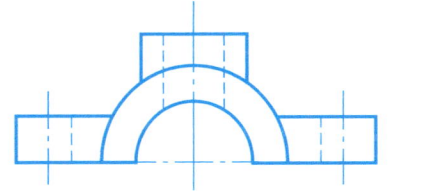

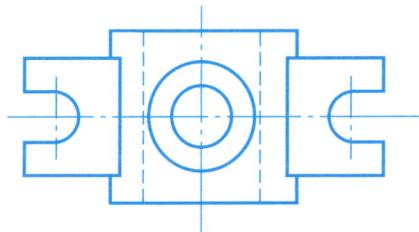

五、根据一直齿圆柱齿轮的左视图补画该齿轮的全剖主视图。(6分)

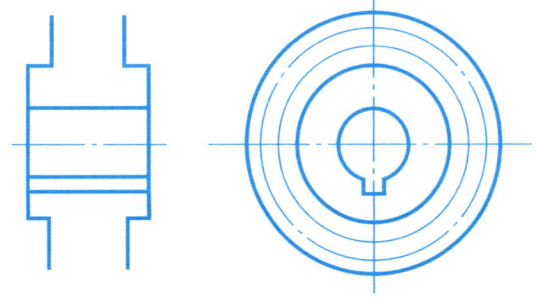

六、下列移出断面图中正确的图形是（　　）。(4分)

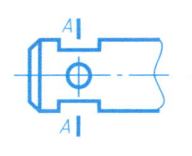    
　(1)　　　(2)　　　(3)　　　(4)

七、将下面机件的主视图在指定位置改画成全剖视图（画在俯视图上方指定处）。(8分)

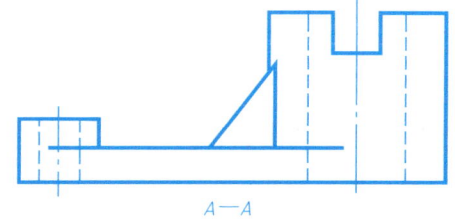

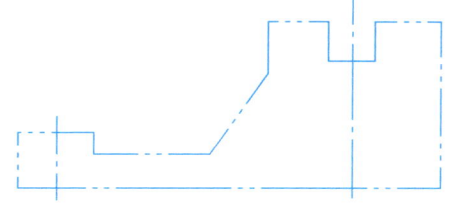

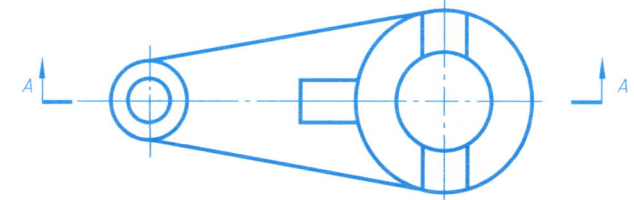

八、按规定画法，补全螺栓连接主视图和俯视图上所缺的线。(共6分)

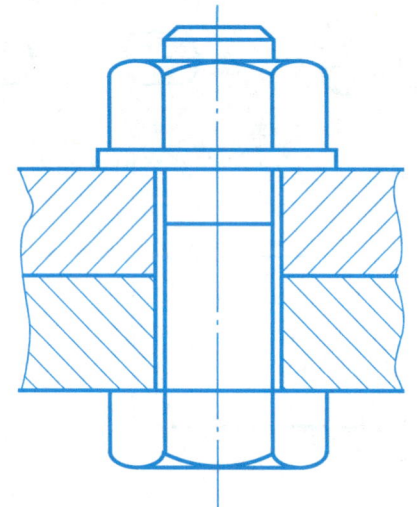

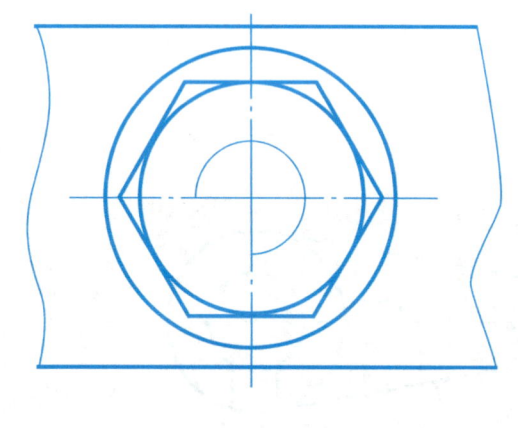

九、读从动轴零件图，回答下列各题：(10分)

(1) 该零件的材料是_____，该零件图的绘图比例是_____。

(2) 该零件共用了_____个图形来表达，其中主视图下方是2个_____图。

(3) 图中尺寸 $\phi 32k7\binom{+0.034}{+0.009}$ 的上极限尺寸是_____，下极限尺寸是_____。

(4) 图中 C2 表示该处加工 2mm 的_____。

(5) 图中 $\phi 30$ 轴段的长度为_____mm，表面粗糙度代号是_____。

(6) 图中没有直接标注的表面粗糙度 Ra 值的要求是_____μm。

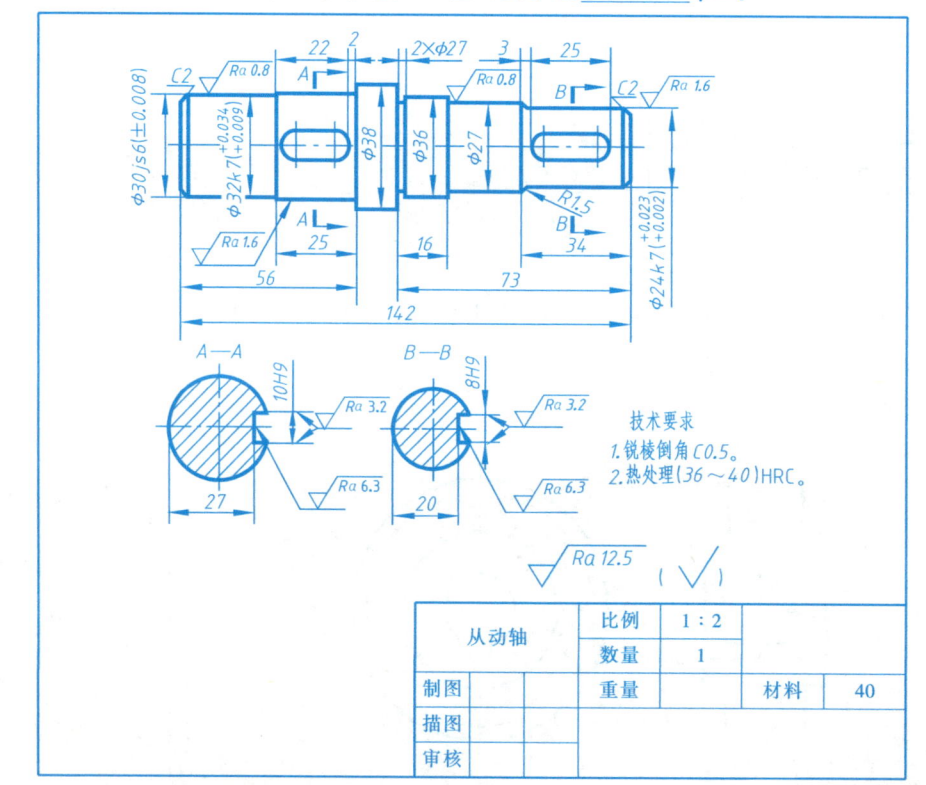

十、阅读钻模装配图，绘图及回答问题。（共12分）

1. 根据明细栏，画全装配图中的所有零件序号和指引线。（4分）

2. 回答问题：（8分）

（1）该装配图的左视图采用了_____剖视图。主视图中，六角螺母按不剖绘制，因为六角螺母是_____零件，且剖切面通过其_____线。

（2）该钻模中共有_____种标准件。

（3）件4轴和件7衬套内圆（φ22）之间的配合代号为_____。

（4）钻模的总体尺寸是_____、_____。

（5）图中的双点画线表示被加工件，属于_____画法。

绘图说明：钻模是用于装夹要被钻孔的加工件（图中用双点画线表示）。所钻孔为3个，均匀分布在φ55圆上。

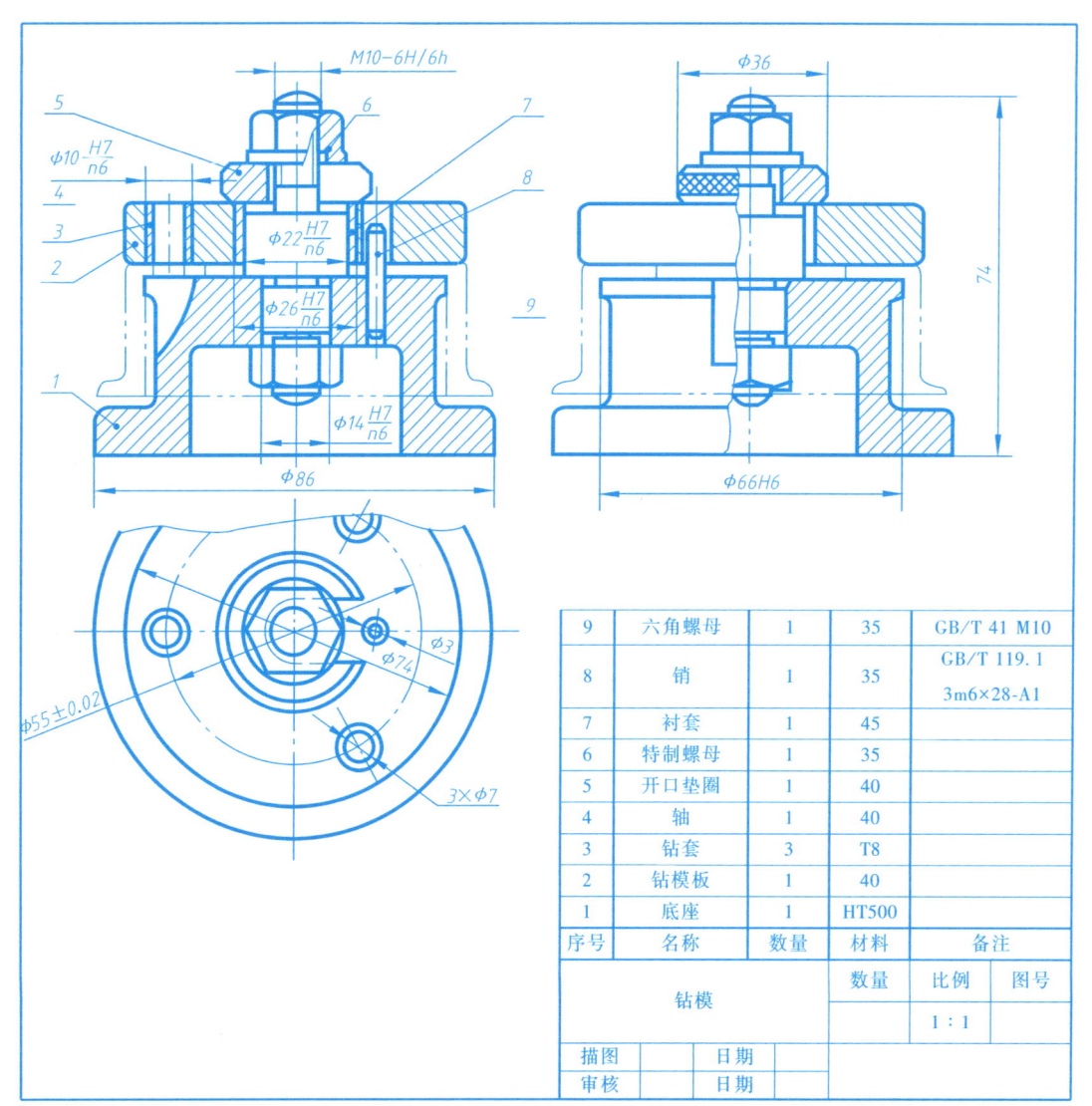

模拟试卷二

题号	一	二	三	四	五	六	七	八	九	十	十一	总分
得分												
阅卷人												

一、直线与平面的作图。（共 16 分）

1. 过 D 点作正平线 AB，使端点 A 在 H 面上，AB 与水平面的夹角 α=30°，A 点在 D 点的左下方，且 AB 的实长为 40mm，求 AB 的 V 面和 H 面的投影。（8 分）

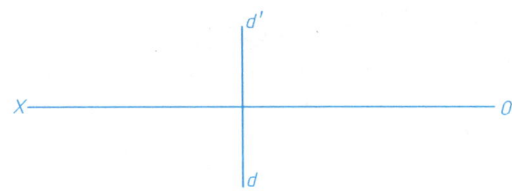

2. 作一铅垂面正方形 ABCD。已知其对角线 AC 为水平线，求作正方形 ABCD 的 V 面和 H 面的投影。（8 分）

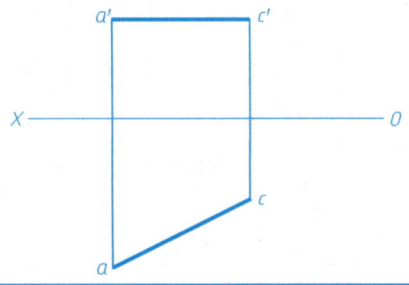

二、画出该切割体的左视图。（8 分）

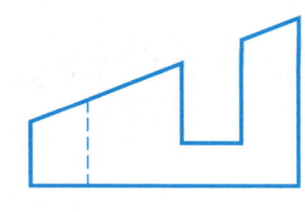

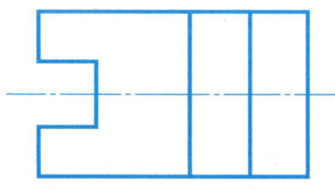

三、作圆柱被截切后的水平面投影。（10 分）

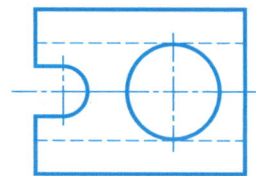 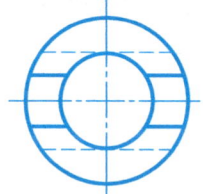

四、根据组合体的主视图和俯视图，完成组合体的左视图，并在视图上标注尺寸。（尺寸数值直接从图中量取并取整）（16分）

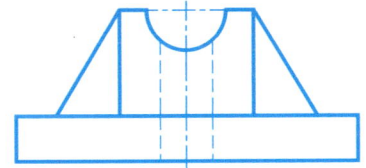

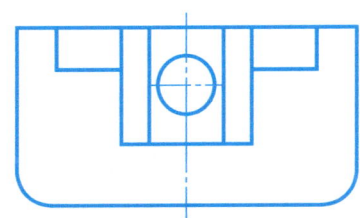

五、判断题。（每空1分，共6分）
(1) 国家制图标准规定，图纸大小可以随意确定。（　）
(2) 为了简化作图，通常将正等轴测图的三个轴向伸缩系数均取为2。（　）
(3) 国家制图标准规定，可见的轮廓线用虚线绘制。（　）
(4) 零件有长宽高三个方向的尺寸，主视图上只能反映零件的宽度和高度方向上的尺寸。（　）
(5) 与一个投影面垂直的直线，一定与其他两个投影面平行。（　）
(6) 正平面的正面投影积聚为一直线。（　）

六、下列移出断面图中正确的图形是（　）。（4分）

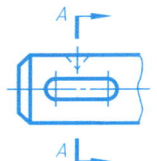    
　　　　(1)　　　(2)　　　(3)　　　(4)

七、将下面机件的主视图改画成全剖视图（画在俯视图上方指定处）。（8分）

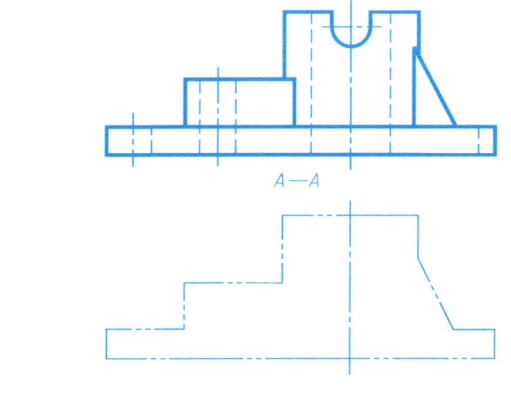

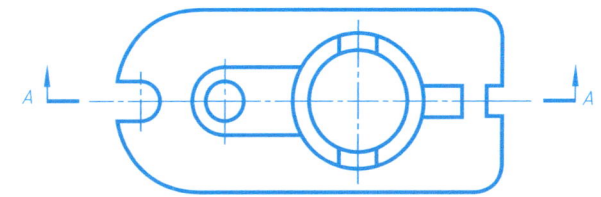

八、分析下面外螺纹画法中的错误,在指定位置补画外螺纹的主视图和左视图。(共 6 分)

 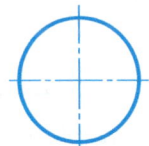

九、已知主、俯视图,选择正确的 A 向视图(　　)。(4 分)

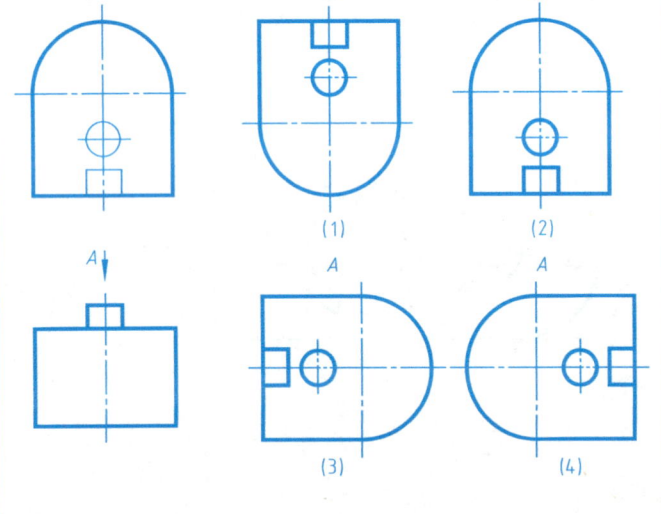

十、读法兰盘零件图,回答下列各题:(10 分)

(1) 该零件的名称是_____,该零件图的绘图比例是_____。

(2) 该零件共用了_____个图形来表达,主视图下方标有 1∶1 的图形为_____。

(3) 图中外圆 $\phi 70_{-0.032}^{-0.012}$ 的上极限尺寸是_____,下极限尺寸是_____,公差是_____。该外圆的表面粗糙度 Ra 值的要求是_____μm。

(4) 图中 M6-6g 的含义:其中 M 表示_____,6 表示_____。

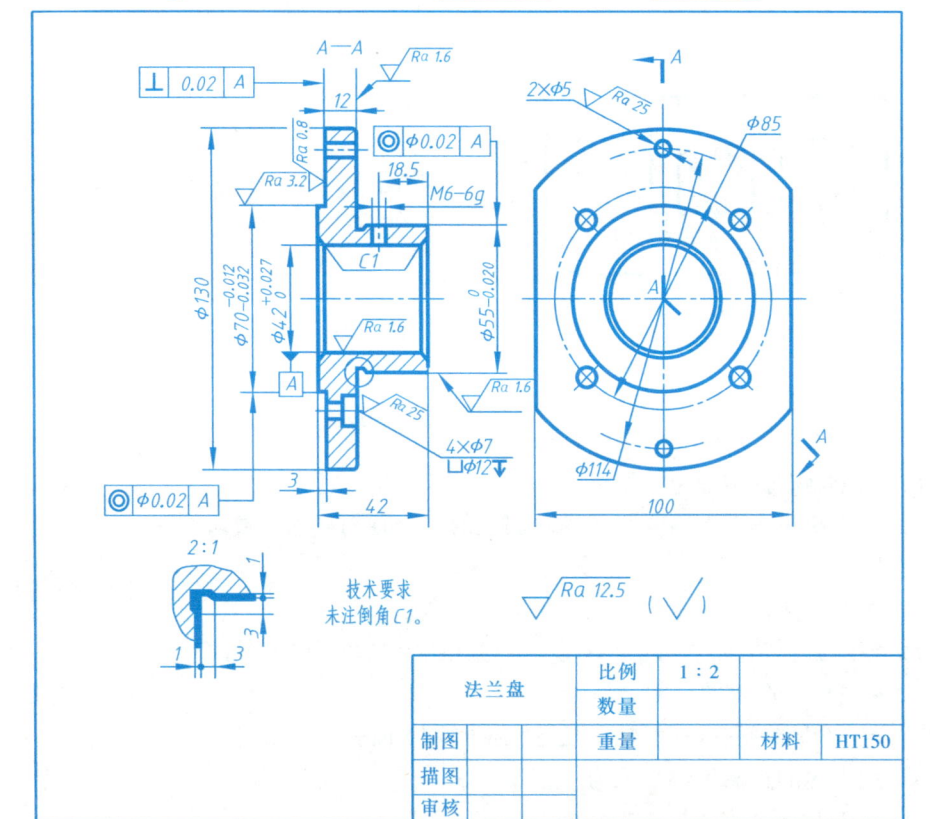

十一、阅读低速滑轮装配图回答问题。（共12分）

(1) 该装配体的名称是_____，由_____种零件组成，其中_____种标准件。

(2) 该装配体的主视图是_____剖视图，俯视图是沿零件3与零件4的_____面剖切。主视图中垫圈按不剖绘制，因为垫圈是_____件，剖切平面通过垫圈_____线。

(3) 图中尺寸 $\phi 20\frac{H8}{f7}$ 是零件_____与零件_____之间的配合尺寸，为基_____制的_____配合。

(4) 该装配体的总长为_____。

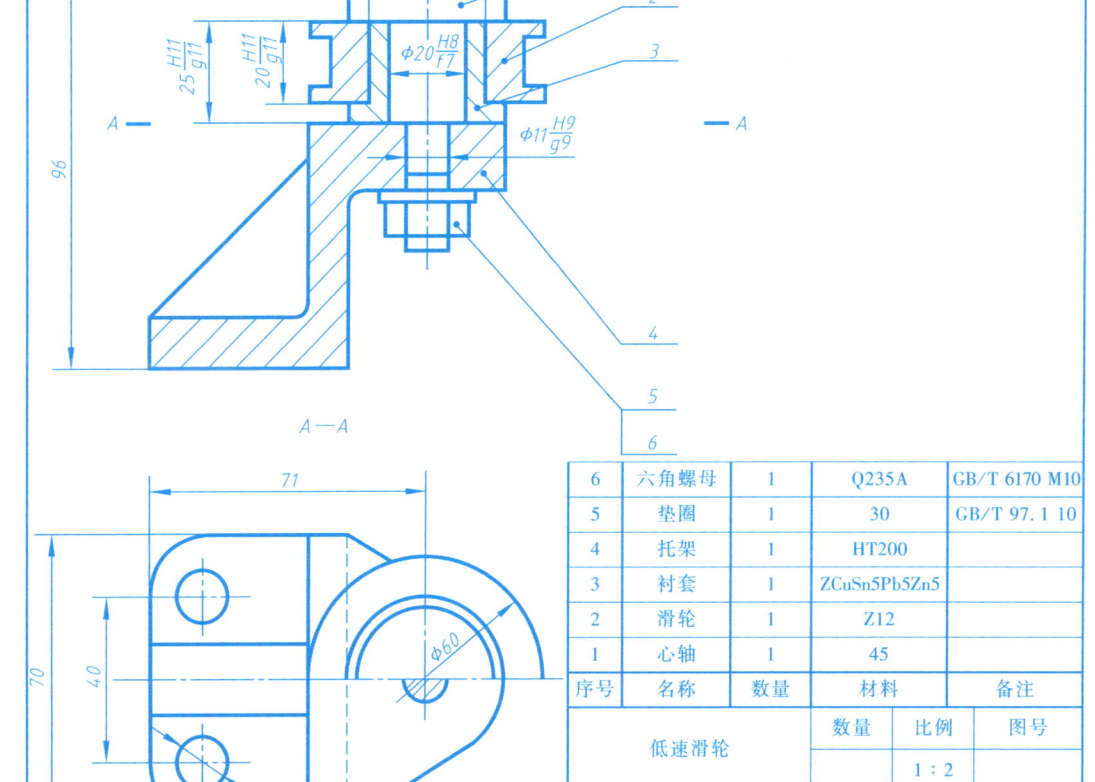

参 考 文 献

[1] 李丽，等. 现代工程制图习题集 [M]. 2版. 北京：高等教育出版社，2010.
[2] 刘小年，等. 工程制图习题集 [M]. 2版. 北京：高等教育出版社，2004.
[3] 钟家麒. 工程图学习题集 [M]. 北京：高等教育出版社，2006.
[4] 刘青科. 工程图学基础与提高 [M]. 北京：机械工业出版社，2013.
[5] 王农，等. 工程制图训练与解答：上册 [M]. 北京：机械工业出版社，2013.
[6] 王农，等. 工程制图训练与解答：下册 [M]. 北京：机械工业出版社，2013.